I0030816

OCDE Cooperación al Desarrollo Examen de Pares: España 2022

OCDE

MEJORES POLÍTICAS
PARA UNA VIDA MEJOR

El presente trabajo se publica bajo la responsabilidad del Secretario General de la OCDE. Las opiniones expresadas y los argumentos utilizados en el mismo no reflejan necesariamente el punto de vista oficial de los Países miembros de la OCDE.

Tanto este documento, así como cualquier dato y cualquier mapa que se incluya en él, se entenderán sin perjuicio respecto al estatus o la soberanía de cualquier territorio, a la delimitación de fronteras y límites internacionales, ni al nombre de cualquier territorio, ciudad o área.

Por favor, cite esta publicación de la siguiente manera:
OECD (2022), *OCDE Cooperación al Desarrollo Examen de Pares: España 2022*, OECD Publishing, Paris, https://doi.org/10.1787/85c6a9b3-es.

ISBN 978-92-64-78337-9 (impresa)
ISBN 978-92-64-50933-7 (pdf)

Publicado originalmente en inglés por la OCDE con el título: OECD (2022), *OECD Development Co-operation Peer Reviews: Spain 2022*, OECD Development Co-operation Peer Reviews, OECD Publishing, Paris, https://doi.org/10.1787/eed71550-en.
La OCDE ha externalizado la traducción del presente documento. Las únicas versiones oficiales son las redactadas en inglés y francés.

Las erratas de las publicaciones se encuentran en línea en: www.oecd.org/about/publishing/corrigenda.htm.

© OCDE 2022

El uso del contenido del presente trabajo, tanto en formato digital como impreso, se rige por los términos y condiciones que se encuentran disponibles en: https://www.oecd.org/termsandconditions.

Prefacio

El Comité de Asistencia para el Desarrollo (CAD) de la OCDE examina las iniciativas de cooperación para el desarrollo de sus miembros cada cinco o seis años. Los exámenes de pares que lleva a cabo pretenden mejorar la calidad y la eficacia de las políticas, los programas y los sistemas de cooperación para el desarrollo, y promover alianzas adecuadas en este ámbito, a fin de incidir en mayor medida en la reducción de la pobreza y el desarrollo sostenible de los países en desarrollo.

Desde 2021, los exámenes de pares del CAD ya no abarcan todos los componentes que se identifican en el marco analítico del examen de pares (www.oecd.org/dac/peer-reviews/about-peer-reviews.htm). En su lugar, ponen de relieve las buenas prácticas e innovaciones y reflexionan sobre las principales dificultades que enfrenta el miembro objeto del examen con relación a determinados temas, y recomiendan mejoras. Estos temas son seleccionados mediante consulta con representantes del miembro examinado y sus socios.

Al comienzo del proceso, el miembro objeto del examen presenta una autoevaluación. Partiendo de esta, el personal de la Secretaría y dos miembros del CAD designados como examinadores visitan la capital del miembro para entrevistarse con funcionarios y diputados, así como con los representantes de la sociedad civil, de organizaciones no gubernamentales y con el sector privado. A continuación, se realizan visitas a un máximo de dos países o territorios de asociación, en los que el equipo se reúne con los representantes del miembro objeto del examen, así como con altos funcionarios y representantes de la administración, los diputados, miembros de la sociedad civil, el sector privado y otros asociados para el desarrollo del país o territorio. Posteriormente el equipo recopila las conclusiones de estas consultas y elabora una serie de recomendaciones que seguidamente se debaten durante una reunión formal del CAD, antes de que se concluya el informe. La Dirección de Cooperación para el Desarrollo de la OCDE presta apoyo analítico durante todo el proceso y, en estrecha consulta con el CAD, se encarga de desarrollar y mantener la metodología y el marco analítico en el que se realizan los exámenes de pares.

Con el fin de favorecer el aprendizaje entre los miembros del CAD, en el informe se ponen de relieve varias buenas prácticas del miembro examinado que pueden inspirar a otros miembros del CAD y agentes de desarrollo. Estas se documentan más detalladamente en el sitio web Development Co-operation TIPs – Tools Insights Practices (www.oecd.org/development-cooperation-learning) —una plataforma en línea de aprendizaje entre pares en la que se recogen ideas sobre cómo hacer que las políticas, los sistemas y las alianzas sean más eficaces—. Los informes de los exámenes de pares se complementan con una «instantánea» de la cooperación para el desarrollo del miembro en cuestión (http://www.oecd.org/officialdocuments/publicdisplaydocumentpdf/?cote=DCD/DAC/AR(2021)4/6/FINAL&docLanguage=Es), que incluye información objetiva sobre sus políticas, acuerdos institucionales, finanzas y sistemas de gestión.

El análisis que se recoge en el presente informe se basa en (1) un examen documental, que incluye la autoevaluación de España, así como evaluaciones por escrito proporcionadas por más de 15 socios (multilaterales, no gubernamentales y del ámbito académico, así como gobiernos de países socios); y (2) un amplio proceso de consulta virtual con agentes y partes interesadas de España y Colombia (que se enumeran en el anexo B). El informe, que recoge conclusiones y recomendaciones, se utilizó en la reunión del CAD celebrada en la OCDE el 14 de diciembre de 2021, en la que altos funcionarios de España respondieron a las preguntas y comentarios planteados por los miembros del CAD.

Agradecimientos

Los exámenes de pares del Comité de Asistencia para el Desarrollo (CAD) funcionan a modo de herramienta de aprendizaje y de rendición de cuentas. El presente informe es el producto de un minucioso proceso de consulta y análisis. Ha sido elaborado por un equipo examinador formado por examinadores de la República Checa (Václav Bálek y Gabriela Boiteux Pilna del Ministerio de Asuntos Exteriores checo) y de Japón (Akira Kadomoto del Ministerio de Asuntos Exteriores japonés y Megumi Muto de la Agencia de Cooperación Internacional de Japón). Por parte de la Dirección de Cooperación para el Desarrollo de la OCDE, Joëlline Bénéfice, analista de políticas, actuó como analista principal en este examen, junto con Emily Bosch, analista de políticas, Cyprien Fabre, responsable del equipo especializado en crisis y fragilidad, y Claire Naval, analista de políticas (especialista anticorrupción). Autumn Lynch se encargó de prestar asistencia logística a este examen, así como del formato y la elaboración del informe. Este fue elaborado bajo la supervisión de Rahul Malhotra, Jefe de la División de Análisis, Resultados, Evaluación e Innovación para el Desarrollo.

El equipo agradece las valiosas aportaciones de la Dirección de Cooperación para el Desarrollo en su conjunto, incluida la división de Financiación para el Desarrollo Sostenible, y la Alianza Global para la Cooperación Eficaz al Desarrollo, así como a la OCDE, en especial a la Dirección de Asuntos Jurídicos, la Dirección de Gobernanza Pública, el Departamento de Economía, la Dirección de Medio Ambiente y la Red de Evaluación del Desempeño de las Organizaciones Multilaterales.

Durante todo el proceso, el examen de pares de España se ha beneficiado del compromiso y la entrega de los representantes del Ministerio de Asuntos Exteriores, Unión Europea y Cooperación del país. El equipo de examen también quiere expresar su gratitud al Embajador de España y al director de la Oficina Técnica de Cooperación de la Agencia Española de Cooperación Internacional para el Desarrollo (AECID) en Colombia y su personal, que facilitaron el contacto con las contrapartes locales, así como documentación, conocimientos y apoyo logístico.

Índice

FIGURAS

INFOGRAFÍAS

TABLAS

Siga las publicaciones de la OCDE en:

http://twitter.com/OECD_Pubs

http://www.facebook.com/OECDPublications

http://www.linkedin.com/groups/OECD-Publications-4645871

http://www.youtube.com/oecdilibrary

http://www.oecd.org/oecddirect/

Este libro contiene...

StatLinks

¡Un servicio que transfiere ficheros Excel®
utilizados en los cuadros y gráficos!

Busque el logotipo *StatLinks* en la parte inferior de los cuadros y gráficos de esta publicación. Para descargar la correspondiente hoja de cálculo Excel®, sólo tiene que introducir el enlace en la barra de direcciones de su navegador incluyendo primero el prefijo *https://doi.org* o bien haga clic en el enlace de la versión electrónica.

Abreviaturas y siglas

AECID	Agencia Española de Cooperación Internacional para el Desarrollo
AFD	Agence Française de Développement [Agencia Francesa de Desarrollo]
AOD	Asistencia oficial para el desarrollo
APP	Alianza público-privada
CAD	Comité de Asistencia para el Desarrollo (OCDE)
COFIDES	Compañía Española de Financiación del Desarrollo
COVID-19	Coronavirus (SARS-CoV-2)
DGPOLDES	Dirección General de Políticas de Desarrollo Sostenible
FARC	Fuerzas Armadas Revolucionarias de Colombia
FCAS	Fondo de Cooperación para Agua y Saneamiento
FIIAPP	Fundación Internacional y para Iberoamérica de Administración y Políticas Públicas
FONPRODE	Fondo para la Promoción del Desarrollo
ICO	Instituto de Crédito Oficial
KfW	Kreditanstalt für Wiederaufbau [Instituto de Crédito para la Reconstrucción]
MAP	Marcos de Asociación País
MAUC	Ministerio de Asuntos Exteriores, Unión Europea y Cooperación
MINECO	Ministerio de Asuntos Económicos y Transformación Digital
OCDE	Organización para la Cooperación y el Desarrollo Económicos
ODS	Objetivo de Desarrollo Sostenible
ONG	Organización no gubernamental
ONU	Naciones Unidas
OSC	Organización de la sociedad civil
PIB	Producto interior bruto
PMA	País menos adelantado
PNUD	Programa de las Naciones Unidas para el Desarrollo
PP	Partido Popular
PSOE	Partido Socialista Obrero Español
RNB	Renta nacional bruta

SECI	Secretaría de Estado de Cooperación Internacional
UE	Unión Europea
UNFPA	Fondo de Población de las Naciones Unidas
UNICEF	Fondo de las Naciones Unidas para la Infancia
UNVMC	Misión de Verificación de las Naciones Unidas en Colombia

Códigos empleados:

| EUR | Euro |
| USD | Dólar estadounidense |

Las pequeñas discrepancias en los totales se deben al redondeo

Tipo de cambio medio anual 1 USD = EUR

2013	2014	2015	2016	2017	2018	2019	2020
0,7532	0,7537	0,9015	0,9043	0,8871	0,8473	0,8933	0,8775

Resumen

En este informe del examen de pares se evalúan los progresos realizados desde la edición de 2016, se ponen de relieve los éxitos logrados y las dificultades encontradas recientemente, y se plantean recomendaciones para el futuro. El informe fue elaborado por examinadores de la República Checa y Japón, con el apoyo de la Secretaría de la OCDE.

España, 13.ᵉʳ mayor miembro del Comité de Asistencia para el Desarrollo (CAD) por volumen, ha definido recientemente un amplio programa de reforma para su cooperación para el desarrollo, que se fundamenta en un importante apoyo público. El programa conlleva reformar el marco legislativo y normativo, establecer nuevas prioridades y objetivos para la cooperación española y aumentar el presupuesto de la ayuda oficial para el desarrollo (AOD).

España mantiene un compromiso al más alto nivel con la Agenda 2030 para el Desarrollo Sostenible. Ha hecho de la cooperación internacional una política de Estado, fundamental para su acción exterior, a fin de emplearla como palanca y catalizador para lograr los Objetivos de Desarrollo Sostenible (ODS) a nivel mundial, y se ha comprometido a mejorar sus mecanismos de coherencia política. Estableciendo un nexo claro entre sus marcos de cooperación bilateral (MAP) con los ODS, España también ayuda a que sus socios avancen en el programa en el ámbito local. Ha aumentado la transparencia y la rendición de cuentas en torno a su apoyo oficial total para el desarrollo sostenible y su alineamiento con los ODS, tanto en su comunicación al público en general como al Parlamento.

En los contextos de fragilidad, las actividades de desarrollo y de paz guardan una estrecha relación, de acuerdo con la Recomendación de la OCDE sobre el nexo acción humanitaria-desarrollo-paz. España participa en la mediación en conflictos y en la cooperación cultural para crear entornos que propicien una paz sostenible y faciliten la resolución de dichos conflictos, lo que refuerza su compromiso político a largo plazo en los procesos de paz. Las ONG son un excelente activo. Si bien las ONG ejecutan el 56% de la AOD bilateral de España, asumen el 86% del compromiso del país en contextos de fragilidad, lo que permite intervenir a escala muy local, y consolidar la confianza y la participación.

España presta especial atención a la colaboración con las instituciones de la Unión Europea (UE) y otros socios. Tercer país en volumen de ejecución de cooperación delegada de la UE, España invierte en gran medida en influir en la política de desarrollo de la UE en Bruselas con miras a aumentar la atención que presta a la inclusión. La cooperación delegada de la UE y las inversiones bilaterales del país son complementarias. También colabora con bancos multilaterales de desarrollo e instituciones bilaterales de financiación para el desarrollo con el fin de combinar financiación reembolsable y no reembolsable y ampliar la variedad de instrumentos de que dispone.

España aboga por las alianzas horizontales y el aprendizaje mutuo. Aprovechando la experiencia del sector público, España ha contribuido a crear conocimientos compartidos y redes duraderas de apoyo a las soluciones regionales para los desafíos locales y mundiales. Las partes interesadas valoran sistemáticamente el proceso MAP y el diálogo desarrollado en el ámbito local. La concentración en la apropiación, la transparencia, la inclusividad y los compromisos a largo plazo genera confianza, mientras que los diálogos entre pares facilitan el compromiso con relación a cuestiones difíciles y movilizan a los países de renta media en torno a los ODS.

La consulta y la inclusividad son elementos fundamentales del enfoque de la cooperación para el desarrollo de España —algo necesario dada la diversidad de su sistema—. A nivel interno, España ha desarrollado enfoques de conjunto del Gobierno *(whole-of-government)* y para el conjunto de la sociedad, y ha podido expresarse con una sola voz sobre retos fundamentales como la condonación de la deuda y la recuperación tras la COVID. En los países de asociación, España ha conseguido pactar amplios marcos de asociación bilaterales basados en el diálogo abierto con las partes interesadas de los países de asociación y todos los agentes de la cooperación española, incluida la sociedad civil y las autoridades locales y regionales. Este diálogo inclusivo contribuye a amplificar aquellas voces que no necesariamente serían escuchadas.

Aunque la diversidad es una de las fortalezas de la cooperación para el desarrollo española, también plantea dificultades. La Secretaría de Estado de Cooperación Internacional (SECI), responsable de una parte limitada del presupuesto de la AOD, tiene dificultades para orientar a todos los agentes hacia una estrategia integrada y para aprovechar al máximo sus complementariedades. Su mayor peso político y una división más clara del trabajo ofrecen oportunidades de afrontar estas dificultades en la elaboración del próximo Plan Director.

La diversidad de alianzas puede dificultar en mayor medida los programas específicos y predecibles en los países o territorios dentro de un sistema segmentado. Como documentos exhaustivos, en ocasiones se considera que los MAP recogen numerosas prioridades y proyectos pequeños. Por otra parte, los proyectos delegados por la UE o financiados a través del Fondo para la Promoción del Desarrollo (FONPRODE) no forman sistemáticamente parte de los MAP, lo que limita la capacidad de España para vincular su cooperación técnica y financiera, y aprovechar sus sólidos conocimientos y relaciones locales. A pesar de que las oficinas técnicas de cooperación hacen notables esfuerzos por fomentar la coherencia entre la cooperación para el desarrollo del conjunto de España a nivel local, conseguirlo requiere cuantiosos recursos de personal.

El intercambio de conocimientos y el aprendizaje institucional están en proceso. Pese a los impresionantes esfuerzos por mejorar la comunicación de información al nivel institucional, así como por renovar y desarrollar los marcos de resultados existentes en su programación, España dispone de una capacidad limitada para recopilar resultados o para comprender plenamente los resultados de su asistencia técnica pública. Los esfuerzos por mejorar el aprendizaje institucional se ven dificultados por la falta de una visión estratégica continua. La adopción de medidas adicionales para sistematizar la recopilación de datos, la vigilancia de los resultados y los flujos de información ascendentes podrían contribuir a mejorar el intercambio de conocimientos, la toma de decisiones y la supervisión.

Resulta fundamental abordar los problemas de recursos humanos. La brecha entre los profesionales generalistas localizados en Madrid y el grupo de expertos en el extranjero que tiene escasas oportunidades de trabajar en la sede da lugar a un sistema dividido. La ausencia de una carrera profesional en materia de desarrollo, las condiciones deficientes y la complejidad de las modalidades contractuales, además de un uso limitado del talento local, afectan negativamente a la capacidad de España para atraer y retener el talento y aprovechar el conocimiento interno. La próxima reforma integral ofrece la oportunidad de reevaluar qué competencias se requerirán y dónde, a fin de hacer realidad las aspiraciones españolas.

Son varias las leyes y la reglamentación que dificultan en gran medida la flexibilidad, la previsibilidad y la eficacia del programa de desarrollo. Las dificultades para proporcionar financiación plurianual, así como los prolongados procesos de aprobación y elaboración de informes centrados en los insumos y los productos y no en los resultados generan cargas administrativas para todas las partes y socavan la eficacia y la calidad de las alianzas. La reforma de este marco normativo será crucial para que España pueda aprovechar de forma fructífera todos los instrumentos de que dispone.

En concreto, los actuales acuerdos institucionales de España frenan la cooperación financiera. El proceso de autorización de las operaciones del FONPRODE es muy largo y engorroso, en especial teniendo en cuenta su reducido volumen de operaciones. El modelo del FONPRODE le otorga capacidad limitada de dirección y gobierno de las operaciones, ya que los servicios bancarios y el asesoramiento financiero se prestan fuera de la Agencia Española de Cooperación Internacional para el Desarrollo (AECID), agencia ejecutora. El FONPRODE podría aprovechar al máximo el hecho de formar parte de la AECID para hacer del desarrollo sostenible una parte fundamental de sus operaciones, basándose en la arquitectura existente y tratando de conseguir una mayor complementariedad entre cooperación técnica y financiera.

La política humanitaria española adopta una perspectiva integral y refleja las nuevas aspiraciones, aunque las herramientas que ha desarrollado tienen un alcance limitado. Por ejemplo, el nuevo Fondo Humanitario de Recuperación Temprana abarca la asistencia humanitaria inicial más seis meses adicionales de financiación. Sin embargo, con frecuencia esto no refleja la realidad de los contextos de fragilidad en los que la transición al desarrollo temprana requiere una serie de planteamientos más flexibles y menos compartimentados que formen parte de un continuo más amplio de desarrollo y gestión de crisis.

España no alcanzó su compromiso nacional de que la AOD supusiese el 0,4% de la RNB antes de 2020. No obstante, existen indicios positivos de que la cooperación para el desarrollo española avanza en la dirección correcta: gracias al sólido apoyo público a la cooperación para el desarrollo, el presupuesto de 2022 registrará el mayor incremento de la AOD en una década.

Las recomendaciones del CAD a España

Las recomendaciones que se detallan a continuación pretenden respaldar los ambiciosos objetivos de reforma de España. Estas se concentran en las dificultades interrelacionadas identificadas durante el examen.

Para que su cooperación para el desarrollo sea más eficaz, España debe:

1. **Reforzar el papel de liderazgo y de convocatoria de la SECI en el sistema de cooperación para el desarrollo**, partiendo de su mandato específico de cooperación internacional, a fin de reforzar la coordinación interministerial y seguir fomentando la coherencia de las políticas de desarrollo. También **debería seguir clarificando la división de funciones** entre el MAUC y la AECID, en particular en relación con la planificación estratégica y la gestión del presupuesto, el establecimiento de alianzas y la gestión de las contribuciones multilaterales.

2. **Desarrollar una estrategia integrada** que identifique de qué forma pueden complementarse mejor entre sí los distintos instrumentos, actores y estrategias regionales y locales en España, mejorar las sinergias y la colaboración con terceros agentes y aprovechar al máximo este sistema diverso a fin de:

   - dirigir la acción colectiva y los resultados en los países y territorios
   - enfocar mejor el Plan Director con arreglo a las prioridades comunes
   - y establecer vínculos más sistemáticos entre su cooperación técnica y financiera.

3. **Establecer una hoja de ruta con previsiones anuales de presupuestos de AOD** para lograr el compromiso internacional de destinar un 0,7% de su RNB a AOD, así como hitos intermedios nacionales acordes con el próximo Plan Director.

4. **Acelerar los esfuerzos de modernización de las políticas de recursos humanos** en todo el sistema de cooperación para el desarrollo, a fin de:

   - garantizar que el número y la composición del personal a todos los niveles y en todas las instituciones permita que cumplan sus respectivos mandatos

- crear una carrera profesional en materia de desarrollo que acabe con la brecha entre Madrid y las oficinas técnicas de cooperación
- mejorar las condiciones para retener el talento, incluyendo al personal expatriado
- crear responsabilidades de mayor importancia para el personal contratado a nivel local

5. **Adecuar el marco normativo y los sistemas administrativos a las aspiraciones de la cooperación para el desarrollo a largo plazo**, con miras a favorecer un apoyo constante, aunque flexible, acelerar la contratación, reducir la carga administrativa y mejorar la flexibilidad y la calidad de las alianzas.

6. **Continuar desarrollando y difundiendo las directrices de gestión del riesgo** para hacerlas plenamente operativas a nivel de proyectos y programas, y prestar apoyo al personal para priorizar la gestión del riesgo en función del contexto con el propósito de mejorar la ejecución de programas.

7. **Reforzar el aprendizaje institucional** derivado de la cooperación técnica, los resultados de la programación entre ministerios y entidades, así como la experiencia de las oficinas técnicas de cooperación, y **desarrollar sistemas de gestión del conocimiento robustos y estables**.

8. **Continuar con los esfuerzos de constante medición de los resultados** a nivel institucional y en el ámbito local, en especial los resultados de la cooperación técnica y las actividades de fomento del conocimiento, con miras a asegurarse de que la información sobre los resultados se emplea con fines de rendición de cuentas y de toma de decisiones.

9. **Establecer una política clara para la cooperación financiera de España, incluidos principios y objetivos que sigan teniendo como eje el desarrollo sostenible.** Se debe optimizar su actual estructura institucional y mejorar la eficiencia de sus operaciones, dotadas de controles y salvaguardas, en consonancia con su nueva política y sus planes de ampliación de la cooperación financiera.

10. **Garantizar que las herramientas de diplomacia humanitaria y el nuevo Fondo Humanitario de Recuperación Temprana aborden la gestión de crisis** y no solo la acción humanitaria, con el fin de mejorar su eficacia y adecuarse a las aspiraciones renovadas de España.

Infografía 1. Principales aspectos del Examen de pares sobre cooperación para el desarrollo de España de 2022

FORTALEZAS DE ESPAÑA

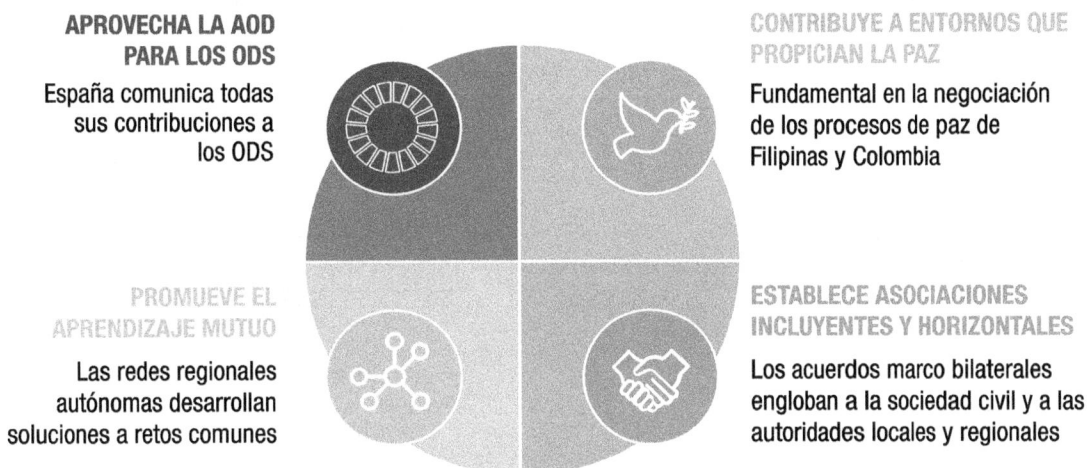

APROVECHA LA AOD PARA LOS ODS

España comunica todas sus contribuciones a los ODS

CONTRIBUYE A ENTORNOS QUE PROPICIAN LA PAZ

Fundamental en la negociación de los procesos de paz de Filipinas y Colombia

PROMUEVE EL APRENDIZAJE MUTUO

Las redes regionales autónomas desarrollan soluciones a retos comunes

ESTABLECE ASOCIACIONES INCLUYENTES Y HORIZONTALES

Los acuerdos marco bilaterales engloban a la sociedad civil y a las autoridades locales y regionales

ÁMBITOS DE MEJORA

Reforzar el liderazgo político del Ministerio en el Gobierno en torno a una estrategia integrada

Racionalizar la cooperación financiera para mejorar su eficiencia y adaptarla a los Objetivos de Desarrollo Sostenible

Actualizar su marco normativo para convertirse en un socio más flexible y predecible

Unificar un sistema de recursos humanos fragmentado entre Madrid y las oficinas en los países para mejorar el atractivo de trabajar para la cooperación para el desarrollo española

PROGRESOS DESDE EL ANTERIOR EXAMEN DE PARES

España ha aplicado parcial o totalmente **12 de las 18 recomendaciones** de su examen de 2016

TOTALMENTE EJECUTADAS

PARCIALMENTE EJECUTADAS

NO EJECUTADAS

Infografía 2. La cooperación para el desarrollo de España de un vistazo

Cifras expresadas en millones de USD según precios actuales, salvo que se indique lo contrario.

ESPAÑA HA PROPORCIONADO 3.000 MILLONES USD COMO AOD

EQUIVALENTE EN DONACIÓN DE AOD 3 000 MILLONES USD

35% **BILATERAL**

65% **GENERAL MULTILATERAL**

DATOS PRELIMINARES 2020

LAS CONTRIBUCIONES A LA AOD SE HAN ESTABILIZADO

Volumen de la AOD como proporción del PIB
Volumen de AOD en USD 2019 en precios constantes

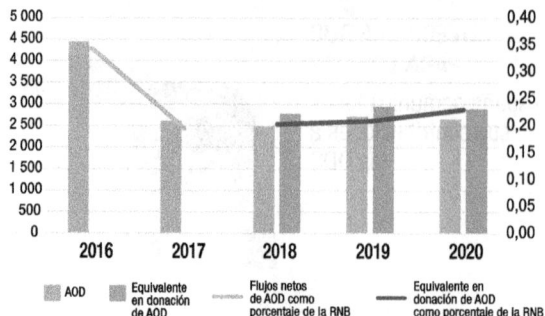

2016 2017 2018 2019 2020

AOD | Equivalente en donación de AOD | Flujos netos de AOD como porcentaje de la RNB | Equivalente en donación de AOD como porcentaje de la RNB

ONG: SOCIO CLAVE EN LA ENTREGA

AOD bilateral por canal de entrega
% de desembolsos brutos

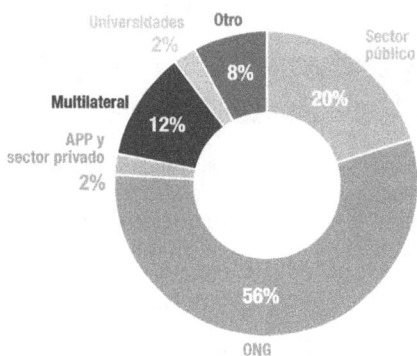

Universidades 2%
Otro 8%
Sector público 20%
Multilateral 12%
APP y sector privado 2%
ONG 56%

UE: PRINCIPAL SOCIO MULTILATERAL DE ESPAÑA

Contribuciones generales y para fines específicos a organizaciones multilaterales 2019

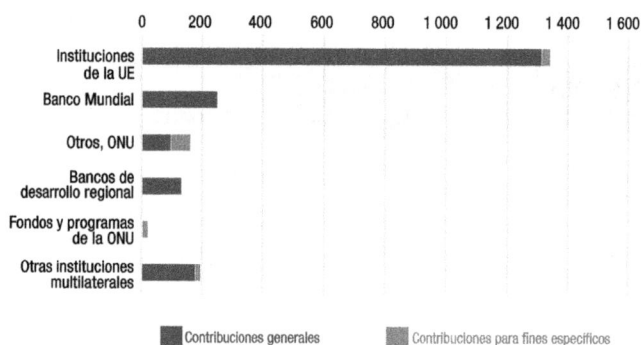

0 200 400 600 800 1 000 1 200 1 400 1 600

Instituciones de la UE
Banco Mundial
Otros, ONU
Bancos de desarrollo regional
Fondos y programas de la ONU
Otras instituciones multilaterales

Contribuciones generales | Contribuciones para fines específicos

ESPAÑA ACTÚA EN ECONOMÍAS DE INGRESOS MEDIANOS

Cinco principales receptores bilaterales 2019

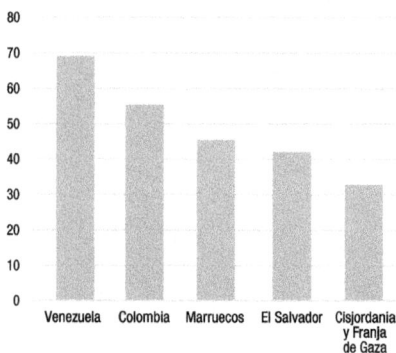

Venezuela Colombia Marruecos El Salvador Cisjordania y Franja de Gaza

ESPAÑA CONTRIBUYE A ACTIVIDADES DE DESARROLLO EN CONTEXTOS DE FRAGILIDAD

Promedio de AOD bilateral a contextos de fragilidad 2017-2019

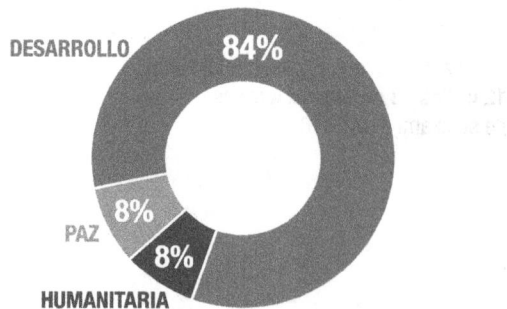

DESARROLLO 84%
PAZ 8%
HUMANITARIA 8%

Conclusiones y recomendaciones

En este informe se presentan las conclusiones y las recomendaciones del examen de pares sobre cooperación para el desarrollo de España de 2022. De acuerdo con la metodología de 2021, no abarca todos los componentes identificados en el marco analítico del examen de pares. En su lugar, el informe se centra en cinco áreas de la cooperación para el desarrollo española que fueron seleccionadas en consulta con los socios de España y los representantes del Gobierno del país. En él se analizan la cooperación para el desarrollo en general, así como la arquitectura y los sistemas de acción humanitaria, a fin de determinar si se adecúan a su objetivo en el contexto del programa de reforma de España. A continuación, se examinan las políticas y procesos del país desde la perspectiva de las asociaciones inclusivas, la movilización de la experiencia del sector público, la financiación para el desarrollo y la fragilidad. El informe identifica los puntos fuertes y las dificultades de España en cada una de estas áreas, los factores propicios para los logros del país, así como las oportunidades o los riesgos futuros.

Contexto del examen de pares de España

Contexto político y económico

El periodo del presente examen ha estado marcado por los cambios políticos. Entre 2015 y 2019 se celebraron tres elecciones generales en España, y el Gobierno cambió de una coalición liderada por el Partido Popular (PP) a una coalición dirigida por el Partido Socialista Obrero Español (PSOE) junto con Unidas Podemos en 2018. La situación política ha incidido directamente en la capacidad de España para reformar su sistema de cooperación para el desarrollo; aprobar nuevas estrategias y acuerdos de asociación con países y territorios, así como con organizaciones multilaterales; y votar nuevos presupuestos, entre ellos el dedicado a la ayuda oficial para el desarrollo (AOD).

La recesión en España asociada con la pandemia de COVID-19 fue una de las peores registradas en Europa en 2020, y provocó una contracción del 10,8% de la economía. Se prevé que su producto interior bruto (PIB) crezca un 5,9% en 2021 y un 6,3% en 2022 (OECD, 2021[1]). Antes de la llegada de la pandemia, España afrontaba una menor productividad y una mayor desigualdad que la mayoría de las economías avanzadas, aunque sus tasas de empleo eran más altas.

Marco institucional y estratégico de la cooperación para el desarrollo de España

El contexto institucional del país en el marco la cooperación para el desarrollo es dispar, ya que son varios los ministerios y las instituciones públicas implicados en la planificación y la ejecución de la política de cooperación internacional (Figura 1). Tanto los gobiernos autonómicos como los municipios españoles se encargan de sus propias políticas de cooperación para el desarrollo. En promedio, se encargaron de ejecutar el 12% del total de la AOD de España en 2018 y 2019.

El actual Gobierno, elegido en 2018, ha emprendido un extenso programa de reforma en materia de cooperación para el desarrollo. Pretende actualizar la ley de 1998 que regula la cooperación internacional para el desarrollo —Ley 23/1998 (Agencia Estatal Boletín Oficial del Estado, 1998[2])—; rediseñar la arquitectura de cooperación para el desarrollo del país; redactar una nueva política de desarrollo para 2022-2025 (el VI Plan Director) a fin de cumplir las demandas de la Agenda 2030; e incrementar el presupuesto de la AOD hasta alcanzar el 0,5% de la renta nacional bruta (RNB) de aquí a 2023.

En España existe un elevado apoyo a la cooperación al desarrollo por parte de la opinión pública. Según el último Eurobarómetro (European Commission, 2021[3]), el 94% de los encuestados en España asegura que para la Unión Europea (UE) es importante asociarse con otros países y territorios a fin de reducir la pobreza en todo el mundo. Este respaldo es muy superior al promedio de la UE, del 88%, lo que hace del apoyo público en España el tercero mayor de todos los Estados miembros de la UE. Esta misma proporción se aplica a la opinión con respecto a la importancia de luchar contra el cambio climático. Prácticamente tres cuartas partes (73%) de los encuestados, el mayor porcentaje de todos los Estados miembros de la UE, consideran que combatir la pobreza en los países en desarrollo debería ser una prioridad de su Gobierno nacional. Las principales preocupaciones en España son la salud (45%), la educación (41%) y el crecimiento económico y el empleo (38%).

Figura 1. Arquitectura española de cooperación para el desarrollo

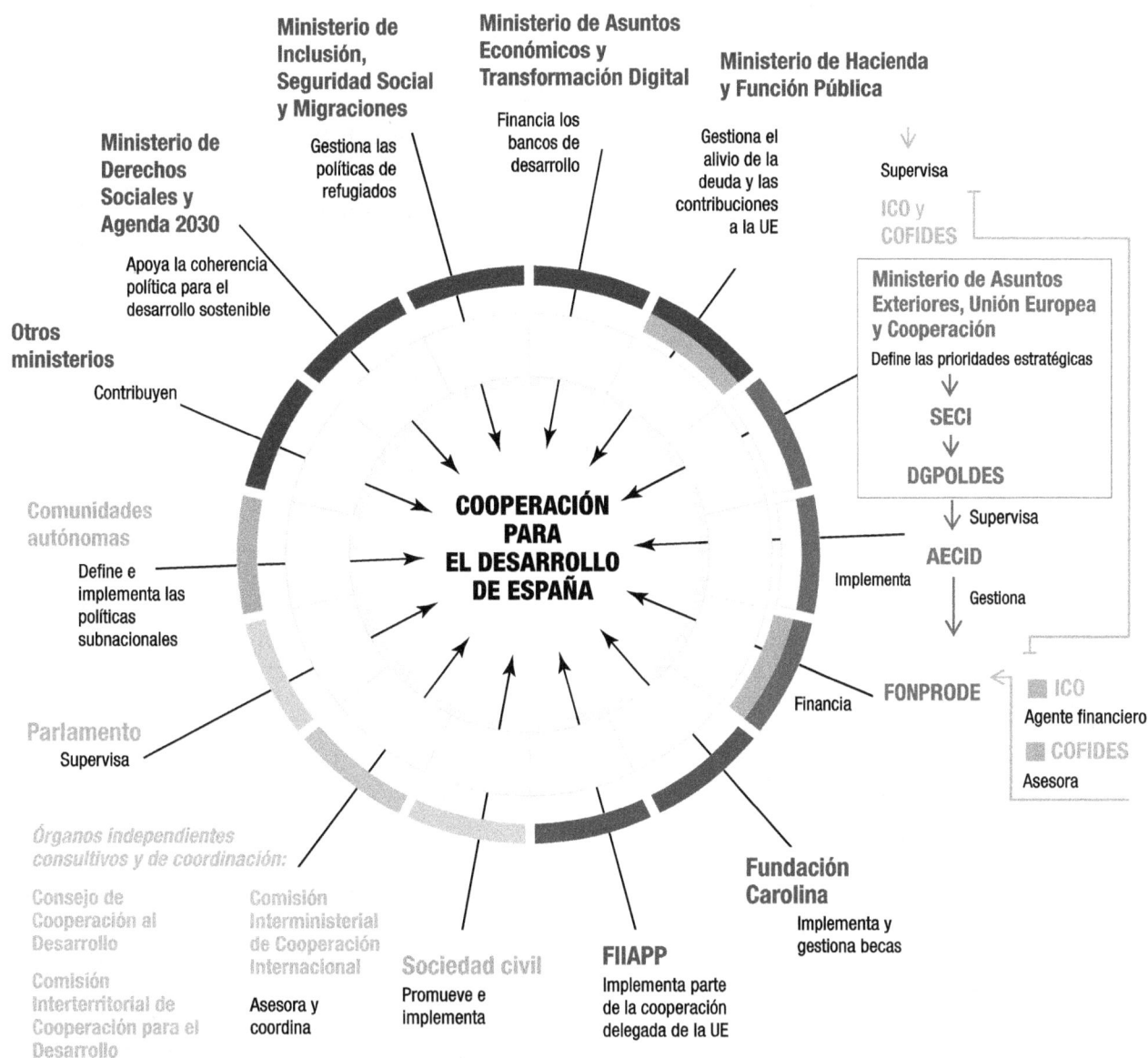

Ministerio de Inclusión, Seguridad Social y Migraciones
Gestiona las políticas de refugiados

Ministerio de Asuntos Económicos y Transformación Digital
Financia los bancos de desarrollo

Ministerio de Hacienda y Función Pública
Gestiona el alivio de la deuda y las contribuciones a la UE

Ministerio de Derechos Sociales y Agenda 2030
Apoya la coherencia política para el desarrollo sostenible

Otros ministerios
Contribuyen

Supervisa

ICO y COFIDES

Ministerio de Asuntos Exteriores, Unión Europea y Cooperación
Define las prioridades estratégicas
↓
SECI
↓
DGPOLDES
↓ Supervisa

COOPERACIÓN PARA EL DESARROLLO DE ESPAÑA

AECID
Implementa
Gestiona

Comunidades autónomas
Define e implementa las políticas subnacionales

Parlamento
Supervisa

FONPRODE
Financia

ICO
Agente financiero

COFIDES
Asesora

Órganos independientes consultivos y de coordinación:

Consejo de Cooperación al Desarrollo

Comisión Interterritorial de Cooperación para el Desarrollo

Comisión Interministerial de Cooperación Internacional
Asesora y coordina

Sociedad civil
Promueve e implementa

FIIAPP
Implementa parte de la cooperación delegada de la UE

Fundación Carolina
Implementa y gestiona becas

Fuente: ilustración del autor.

Adecuación al objetivo: un compromiso renovado con la cooperación internacional requiere una reforma integral

La arquitectura de la cooperación al desarrollo inclusivo de España radica en la Agenda 2030

En 2018, España renovó su compromiso con la implementación de la Agenda 2030 para el Desarrollo Sostenible tanto a nivel nacional como internacional, como se refleja en su Plan de Acción para la Implementación de la Agenda 2030 (MAUC, 2019[4]). La Ley de Cooperación Internacional para el Desarrollo de 1998 (Agencia Estatal Boletín Oficial del Estado, 1998[2]) y los sucesivos planes directores[1] proporcionan el fundamento formal y el marco normativo de la cooperación para el desarrollo. En 2018, el Gobierno de España se comprometió a actualizar este marco con el fin de convertir la cooperación internacional en una política de Estado y emplearla como palanca y catalizador para lograr los Objetivos de Desarrollo Sostenible (ODS) a nivel mundial. Como parte de este compromiso, España emprendió una amplia reforma de la arquitectura general de gobernanza con miras a garantizar que su cooperación para el desarrollo se adecúa a este objetivo. Se prevé que esta reforma incluya actualizar la ley en materia de cooperación para el desarrollo, acordar nuevas prioridades en el VI Plan Director, definir una reglamentación y una estructura institucional nuevas e incrementar los compromisos presupuestarios.

La mayor importancia otorgada a la cooperación para el desarrollo ha reactivado los esfuerzos del país por dialogar y coordinarse en el seno de su sistema de cooperación. En la cooperación internacional participan activamente cuatro ministerios[2], dos instituciones públicas, una fundación público-privada[3], las comunidades autónomas y los gobiernos municipales, cada uno con sus respectivas políticas y presupuestos (Figura 1 y Figura 2). Con el propósito de consolidar una idea común de la cooperación internacional entre el Gobierno y la sociedad, España ha reactivado sus órganos de coordinación con socios gubernamentales, de cooperación descentralizada y externos[4], y dado un nuevo empuje a los grupos de trabajo temáticos y estructurales (Recuadro 1).

Este diálogo reactivado le ha permitido desarrollar enfoques de conjunto del Gobierno *(whole-of-government)* y de la sociedad en su conjunto: ahora puede expresarse con una sola voz sobre desafíos clave como la condonación de la deuda y la recuperación tras la COVID. También resulta evidente una visión compartida del Gobierno en el ámbito bilateral. Como pudo constatarse durante una misión virtual en Colombia, en la Embajada existe una idea común acerca de cuáles son los objetivos de desarrollo. El embajador aprovecha su posición política para promover el programa de desarrollo y de paz en las regiones prioritarias, mientras que los agregados de educación y comercio colaboran con la Oficina Técnica de Cooperación de la Agencia Española de Cooperación Internacional para el Desarrollo (AECID) en la identificación de las necesidades de Colombia y la promoción del desarrollo del sector privado.

Recuadro 1. El Consejo de Cooperación al Desarrollo: reactivación de la coordinación con múltiples partes interesadas

La aplicación de la Agenda 2030 exige asociaciones sólidas, inclusivas e integradas a todos los niveles. Pero para que sean eficaces también deben orientar las políticas hacia objetivos comunes. España cuenta con una prolongada trayectoria de asociaciones inclusivas, sobre todo a través del Consejo de Cooperación al Desarrollo, establecido en 2012 para definir la política de cooperación internacional para el desarrollo. Desde su puesta en marcha, el Consejo ha sido amplio e inclusivo, y ha incluido a representantes de organizaciones no gubernamentales, el mundo académico, el sector privado y las instituciones públicas. Sin embargo, como ya se señaló en el examen de pares de 2016 (OECD, 2016[5]) podría haberse hecho un uso más eficaz del Consejo para realizar consultas y para fundamentar la toma de decisiones.

En los últimos años, los miembros del Consejo de Cooperación al Desarrollo han hecho esfuerzos por reactivar el diálogo y la coordinación. Estos esfuerzos han incluido:

- La mejora de los informes presentados por la Administración, entre los que incluyen la Comunicación Anual y los informes de seguimiento, con análisis cualitativos que proporcionan una imagen completa de los flujos y recursos financieros de todas las instituciones e instrumentos españoles relacionados con la AOD y con el apoyo oficial total para el desarrollo sostenible (TOSSD) y de cómo estos se ajustan a los ODS.

- La mejora de los «grupos de trabajo específicos», dedicados a temas como la igualdad de género, los derechos de la infancia y la educación para el desarrollo, o temas más amplios como la Agenda 2030 y la reforma institucional de la arquitectura de la cooperación al desarrollo de España.

- El establecimiento de grupos *ad hoc* con los otros dos órganos asesores, la Comisión Interterritorial de Cooperación para el Desarrollo y la Comisión Interministerial de Cooperación Internacional, a fin de debatir estrategias y planes de acción sobre temas como la recuperación tras la COVID-19 o la eficacia del desarrollo.

Estos esfuerzos han contribuido a una idea común acerca de los principales retos a los que se enfrenta la cooperación para el desarrollo de España, así como a un sentido de apropiación de su visión general. La Estrategia de Respuesta Conjunta de la Cooperación Española a la Crisis del COVID-19 (MAUC, 2020[6]), que presenta la respuesta del conjunto de la sociedad española a la pandemia, es un producto concreto de este diálogo reactivado. Los miembros del Consejo han acogido de buen grado los debates constructivos y el enfoque integrador, lo que ha favorecido una fuerte apropiación de dicha estrategia.

De esta experiencia pueden extraerse varias enseñanzas:

- La participación activa no solo del Ministerio de Asuntos Exteriores, Unión Europea y Cooperación (MAUC), sino de todos los ministerios involucrados en la cooperación para el desarrollo, contribuye a un enfoque del conjunto del Gobierno.
- El momento en el que la Administración entrega los informes y los documentos es clave y debe planificarse con antelación a las decisiones, para que los miembros del Consejo no solo puedan proporcionar un asesoramiento informado a la Administración central, sino también contribuir a las sucesivas versiones de una estrategia.
- Su agenda independiente ha favorecido que el Consejo sea proactivo, incluso con relación a temas que no necesariamente están en la esfera de la Administración central.

Actualmente, España prevé desarrollar un planteamiento similar con la Comisión Interterritorial de Cooperación para el Desarrollo, con miras a reforzar la coordinación con los actores de la cooperación descentralizada.

Nota: esta práctica se documenta de forma más pormenorizada en la plataforma Development Co-operation TIPs: Tools Insights Practices, disponible en www.oecd.org/development-cooperation-learning.
Fuentes: MAUC (2020[6]) *Estrategia de Respuesta Conjunta de la Cooperación Española a la Crisis del COVID-19: Afrontando la Crisis para una Recuperación Transformadora*, http://www.exteriores.gob.es/Portal/es/SalaDePrensa/Multimedia/Publicaciones/Documents/Estrategia_de_respuesta.pdf;
OCDE (2016[5]), *OCDE Cooperación al Desarrollo Exámenes de Pares: España 2016*, https://www.oecd-ilibrary.org/development/ocde-cooperacion-al-desarrollo-examen-de-pares-espana-2016_9789264260139-es.

La visión consolidada no ha conseguido una estrategia integrada

En teoría, el Ministerio de Asuntos Exteriores, Unión Europea y Cooperación (MAUC) tiene el liderazgo en materia de cooperación para el desarrollo y acción humanitaria. La Secretaría de Estado de Cooperación Internacional (SECI) y la Dirección General de Políticas de Desarrollo Sostenible (DGPOLDES) se encargan de diseñar, monitorizar y evaluar la cooperación internacional para el desarrollo de España, así como de coordinarse con la cooperación descentralizada. El papel supervisor de la SECI se ve facilitado por su presencia en el órgano de gobierno de la AECID, así como en los consejos de la Fundación Internacional y para Iberoamérica de Administración y Políticas Públicas (FIIAPP) y la Fundación Carolina[5].

En la práctica, el sistema se centraba en una Secretaría de Estado con peso político limitado, que hasta 2020 se encargaba de América Latina, además de la cooperación para el desarrollo (Development Co-operation Council, 2020[7]). Contar con una Secretaría con peso político resulta crucial dado el contexto español, ya que el MAUC solo se encarga directamente de una parte limitada del presupuesto de cooperación para el desarrollo. De hecho, tras constantes descensos del presupuesto de la AOD en el período 2010-2015, la cooperación para el desarrollo de España se compone principalmente de contribuciones a la UE y a otras instituciones multilaterales, lo que hace que el MAUC gestione tan solo el 25% de la AOD (Figura 2).

Como consecuencia de esto y pese a los esfuerzos de coordinación, el MAUC no ha sido del todo capaz de mantener un sentido de unidad ni la coherencia del sistema. El mandato de la SECI suele favorecer el diálogo más que las decisiones, y el papel del ministerio en la coordinación de la política de desarrollo con los objetivos estratégicos de política exterior sigue siendo limitado. El hecho de que no todos los actores hayan empleado los sucesivos planes directores como hoja de ruta pese a haberse elaborado mediante consultas inclusivas constituye una indicación de esta falta de enfoque sistémico. Por ejemplo, las tres instituciones involucradas en la cooperación técnica —la FIIAPP, la Fundación Carolina y la AECID— cuentan con sus propias estrategias y su propio alcance temático y geográfico, y asignan sus presupuestos de acuerdo con estos. Cada uno de los ministerios que participan en la cooperación para el desarrollo ha creado sus propios mecanismos con arreglo a sus mandatos sectoriales. Si bien se produce cierta coordinación a nivel local por medio de los Marcos de Asociación País o MAP)[6], las Oficinas Técnicas de Cooperación de la AECID no están necesariamente dotadas para colaborar plenamente con los socios y dependen de la buena voluntad de estos y de intercambios informales (véase Diseño y participación en alianzas horizontales e inclusivas).

Figura 2. El MAUC únicamente tiene responsabilidad directa sobre una proporción limitada del presupuesto de AOD

Proporción del presupuesto de AOD previsto por instituciones, 2021

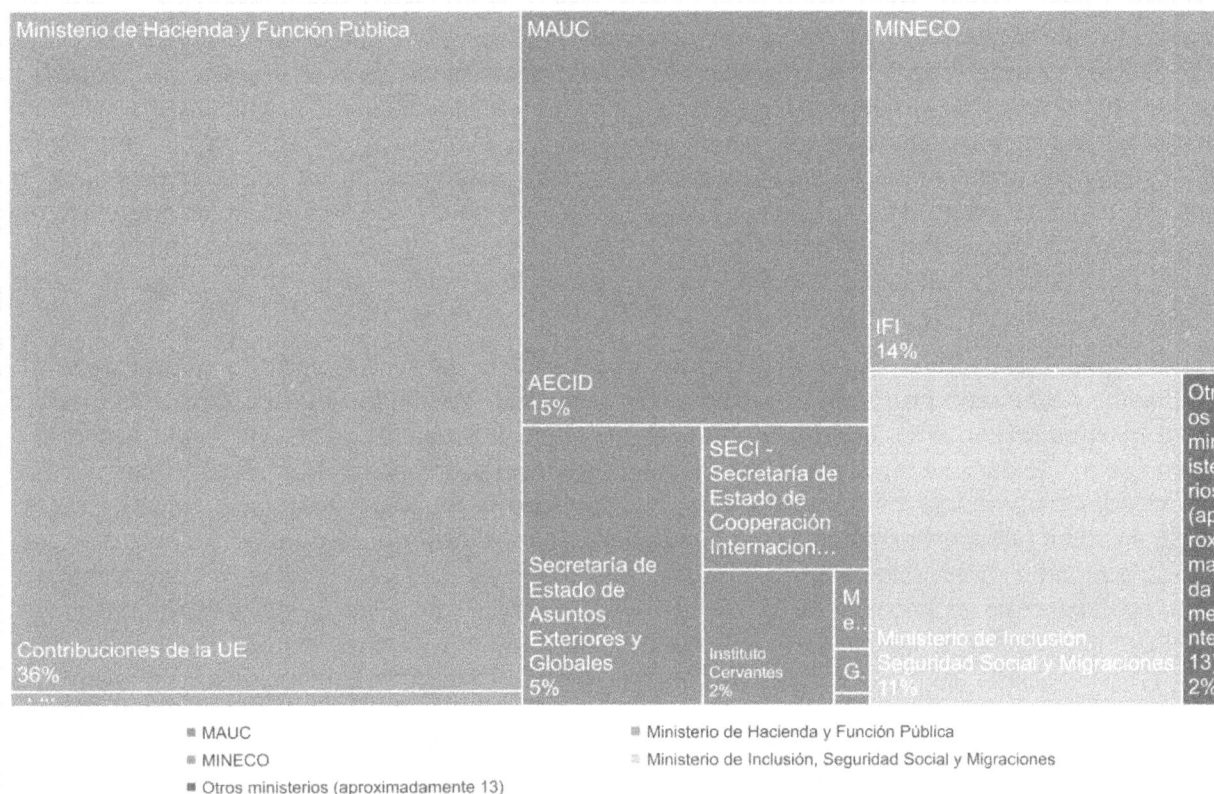

Ministerio de Hacienda y Función Pública

MAUC

MINECO

IFI
14%

AECID
15%

SECI - Secretaría de Estado de Cooperación Internacion...

Otros ministerios (ap roxi ma da me nte 13) 2%

Secretaría de Estado de Asuntos Exteriores y Globales 5%

Instituto Cervantes 2%

Me...

G.

Ministerio de Inclusión, Seguridad Social y Migraciones 11%

Contribuciones de la UE
36%

- MAUC
- MINECO
- Otros ministerios (aproximadamente 13)
- Ministerio de Hacienda y Función Pública
- Ministerio de Inclusión, Seguridad Social y Migraciones

Nota: en esta figura, los presupuestos estimados correspondientes al FONPRODE y al FCAS se han imputado a la AECID y no a la SECI, a fin de reflejar que la AECID es la encargada de la ejecución de estos fondos.
Fuente: MAUC (2020[8]), *Informe Ayuda Oficial al Desarrollo, Presupuestos Generales del Estado 2021.* http://www.congreso.es/docu/pge2021/121-35-3_Ayuda_Oficial_al_Desarrollo_de_la_AGE.pdf.

StatLink https://stat.link/10uwnq

El actual enfoque que aplica España, consistente en realizar consultas intensivas con un limitado presupuesto de cooperación para el desarrollo, puede afectar a la eficacia de su apoyo en los países y territorios de asociación. Además, la independencia de determinados socios en la toma de decisiones, y la descentralización de políticas e iniciativas de financiación impiden al conjunto de la Cooperación Española sacar el máximo partido de un presupuesto limitado. Sin embargo, los marcos de asociación han conseguido ofrecer una imagen de conjunto de la cooperación española en un país o territorio concreto (véase Diseño y participación en alianzas horizontales e inclusivas). Las laboriosas consultas pueden contribuir a identificar áreas que puedan ampliarse en el futuro, pero es probable que la dificultad para lograr resultados con los escasísimos recursos humanos y financieros disponibles haya desmoralizado al personal en los últimos años. Una mejor identificación de las complementariedades entre los socios y los instrumentos podría contribuir al diseño de planes directores y MAP más orientados e integrados, así como al desarrollo de sinergias. Esto podría basarse en los progresos logrados al establecer la correspondencia de la contribución de España a los ODS, así como en los esfuerzos actuales por sistematizar la recopilación de datos y el seguimiento de los resultados en torno a indicadores comunes.

Las dificultades para desarrollar una estrategia integrada también están afectando a la calidad de la asociación de España con organizaciones multilaterales. El país considera que las organizaciones multilaterales son socios clave para afrontar los desafíos mundiales y aprovechar el apoyo bilateral en América Latina y África. Pese a que España colabora con estas a través de compromisos políticos de alto nivel y trabajo técnico para avanzar en los debates colectivos sobre temas como la deuda, el clima y la financiación para el desarrollo, la eficacia de su colaboración se ve limitada por la falta de coordinación central sobre políticas y estándares. Lo que se debate en los consejos multilaterales no se traslada necesariamente al MAUC, ni tampoco llega a las embajadas. La próxima estrategia multilateral constituye una oportunidad para 1) desarrollar un enfoque más orientado, al menos en lo referente a la relación con la misma entidad multilateral; 2) contribuir a cumplir los acuerdos del pacto de financiación de las Naciones Unidas de España (United Nations, 2019[9]); y 3) aprovechar en mayor medida el hecho de que, sin formar parte de la región, pertenezca al Banco Africano de Desarrollo, para ayudar a orientar su nuevo enfoque bilateral sobre África, y al Banco Interamericano de Desarrollo, a fin de avanzar en el trabajo en materia de agua y saneamiento.

El nuevo papel específico de la SECI sobre cooperación para el desarrollo podría ayudar a restablecer el liderazgo político y a garantizar una elevada visibilidad de la cooperación para el desarrollo española en foros internacionales. Sin embargo, no bastará con una visibilidad de alto nivel. El hecho de que España se replantee su arquitectura de cooperación para el desarrollo en general ofrece oportunidades para aclarar las funciones y los mandatos de la SECI con relación a AECID y a otros ministerios sobre la supervisión política, la planificación de políticas y la ejecución mediante alianzas[7]. También podría optimizar la toma de decisiones, la rendición de cuentas y la gestión administrativa, al aunar recursos entre el gabinete SECI, DGPOLDES y AECID (incluida la dotación de personal[8]); aprovechar las sinergias entre canales, instrumentos e instituciones; y aclarar el valor añadido específico de cada institución. Hacer énfasis en el nuevo cometido de la SECI también contribuiría a crear una política única de conjunto del Gobierno *(whole-of-government)*, seguir impulsando la coherencia de las políticas para el desarrollo, garantizar un enfoque coherente de las contribuciones multilaterales y presentar informes exhaustivos sobre el apoyo oficial total para el desarrollo sostenible. Esto proporcionaría a España una influencia incluso mayor en la promoción de sus prioridades en varios órganos de gobierno.

El compromiso del Gobierno con el aumento del presupuesto de la AOD podría mejorar la influencia de la SECI y DGPOLDES. España no alcanzó su compromiso nacional de lograr una ratio AOD/RNB del 0,4% antes de 2020. Una fuerte cohesión política en torno a una visión común, junto con una hoja de ruta estratégica y previsiones anuales de incrementos en los presupuestos de la AOD contribuirían a que España lograra una ratio AOD/RNB del 0,5% antes de 2023, año en el que concluye la legislatura actual.

Recomendaciones

1. **Reforzar el papel de liderazgo y de convocatoria de la SECI en el sistema de cooperación para el desarrollo**, partiendo de su mandato específico de cooperación internacional, a fin de reforzar la coordinación interministerial y seguir fomentando la coherencia de las políticas de desarrollo. También **debería seguir clarificando la división de funciones** entre el MAUC y la AECID, en particular en relación con la planificación estratégica y la gestión del presupuesto, el establecimiento de alianzas y la gestión de las contribuciones multilaterales.

2. **Desarrollar una estrategia integrada** que identifique de qué forma pueden complementarse mejor entre sí los distintos instrumentos, actores y estrategias regionales y locales en España, mejorar las sinergias y la colaboración con terceros y aprovechar al máximo este sistema diverso a fin de:

- dirigir la acción colectiva y los resultados en los países y territorios
- enfocar mejor el Plan Director con arreglo a las prioridades comunes
- y establecer vínculos más sistemáticos entre su cooperación técnica y financiera.

3. **Establecer una hoja de ruta con previsiones anuales de presupuestos de AOD** para lograr el compromiso internacional de destinar un 0,7% de su RNB a AOD, así como hitos intermedios nacionales acordes con el próximo Plan Director.

Las políticas de recursos humanos frenan la cooperación para el desarrollo de calidad y a largo plazo

Las políticas de recursos humanos no vinculadas con objetivos estratégicos afectan al desempeño de la organización y a la motivación del personal, como ya se ha observado en exámenes de pares anteriores. Una de las principales dificultades es la división existente entre los distintos niveles de profesionales generalistas y el personal diplomático en España, y los expertos en desarrollo en el extranjero, que cuentan con escasas oportunidades de trabajar en Madrid. El carácter dual de estas trayectorias profesionales incide directamente en la moral del personal y limita su capacidad para generar e intercambiar conocimiento interno y para aumentar la experiencia del personal al servicio de la cooperación para el desarrollo española, tanto en la sede como en las Oficinas Técnicas de Cooperación.

La ausencia de una carrera profesional en materia de desarrollo dentro de la arquitectura de cooperación para el desarrollo española, la escasa rotación entre la sede y las Oficinas Técnicas de Cooperación, así como las deficientes condiciones de contratación reducen la capacidad del país para atraer y retener el talento. El uso de contratos a corto plazo de duración inferior a la de los proyectos de cooperación para el desarrollo también puede generar ineficiencias en la gestión de proyectos y limitar el desarrollo de conocimiento. En lo que se refiere a los socios, las prácticas actuales de selección de personal local no permiten aprovechar su talento, ya que este tipo de personal únicamente puede desempeñar funciones de apoyo y no de responsabilidad en la gestión de proyectos o programas.

Dado que el país emprende una reforma institucional que incluye la revisión del papel de la AECID, **se tiene la oportunidad de replantear la división entre el personal en España y en el extranjero y de identificar aquellas competencias que se necesitan en el conjunto del sistema para materializar las aspiraciones de España.** Una revisión de los estatutos laborales, las condiciones contractuales y la racionalización del tipo de contratos para el personal que trabaja para la agencia, aumentaría la moral de este y la capacidad del país para atraer y retener talento. La participación del personal local en el actual ejercicio inclusivo de intercambio de ideas sobre el modelo de agencia podría aportar perspectivas interesantes, demostrar que se valoran sus aportaciones y mejorar su motivación.

Recomendación

4. **Acelerar los esfuerzos de modernización de las políticas de recursos humanos** en todo el sistema de cooperación para el desarrollo, a fin de:
   - garantizar que el número y la composición del personal a todos los niveles y en todas las instituciones permita que cumplan sus respectivos mandatos
   - crear una carrera profesional en materia de desarrollo que acabe con la brecha entre Madrid y las oficinas técnicas de cooperación
   - mejorar las condiciones para retener el talento, incluyendo al personal expatriado
   - crear responsabilidades de mayor importancia para el personal contratado a nivel local

La gestión centralizada basada en el cumplimiento socava la implementación flexible y el enfoque estratégico

Son varias las leyes y los reglamentos que dificultan la flexibilidad, la previsibilidad y la rendición de cuentas del programa de desarrollo. La reglamentación, los procedimientos y la capacidad para proporcionar financiación plurianual varían en función del instrumento, incluidos aquellos gestionados directamente por la AECID. Este complejo marco normativo también limita la capacidad de la agencia para conectar mejor sus distintas herramientas —como la cooperación técnica, las subvenciones y los préstamos— a fin de lograr un propósito común (véase Movilización de la experiencia del sector público para el desarrollo y el intercambio de conocimiento y Aprovechamiento de la financiación para el desarrollo). La reforma de este marco normativo será crucial para que España pueda aprovechar de forma adecuada todos los instrumentos de que dispone y adecuarse a su objetivo.

La lentitud de los procesos de aprobación en varias instituciones y comités ha retrasado la aplicación del programa humanitario y de cooperación para el desarrollo[9], en especial las operaciones ejecutadas por el Fondo para la Promoción del Desarrollo (FONPRODE) (véase Aprovechamiento de la financiación para el desarrollo). Los estrictos procedimientos de contratación, con una flexibilidad y unos umbrales limitados, dificultan que España pueda ajustarse al contexto de los países —sobre todo en entornos operativos complejos y en los que pueden producirse cambios de contexto drásticos y que requieren una rápida intervención—. Estos procedimientos también afectan a la capacidad de España para aplicar plenamente la agenda de eficacia del desarrollo, incluido el uso de sistemas públicos de información financiera del país de asociación[10]. Como se ha observado en Colombia, la ausencia de una orientación pormenorizada sobre los procesos administrativos y la gran cantidad de protocolos adaptados de forma diferente a cada instrumento aumenta la carga administrativa y reduce la eficacia de las Oficinas Técnicas de Cooperación. Sin embargo, los esfuerzos a nivel local para elaborar manuales y directrices con el objetivo de ayudar al personal a gestionar los proyectos y los riesgos contribuyen a compensar estas dificultades.

La reglamentación relativa a las subvenciones y ayudas que ofrece España también es restrictiva y reduce la calidad de las alianzas. Como ya se observó durante el anterior examen de pares (OECD, 2016[5]), los procesos de valoración, los mecanismos de financiación y las medidas para la rendición de cuentas centrados en los insumos y los productos, y no en los resultados, suponen una carga administrativa excesiva para todas las partes. De acuerdo con la legislación, el Real Decreto y la Orden Ministerial relativos a subvenciones y ayudas, los beneficiarios, incluidos los estados, las organizaciones no gubernamentales e internacionales, deben reembolsar todo importe que no haya sido utilizado, incluidos intereses. El proceso de tramitación de los reembolsos de sumas por lo general bastante pequeñas sobrecarga los ya limitados recursos humanos de la AECID, y genera graves problemas de gestión. Sin embargo, quizás el mayor riesgo es que socava la reputación de España como socio fiable para el desarrollo (véase Aprovechamiento de la financiación para el desarrollo).

A pesar de que España está comprometida con la gestión del riesgo en sus operaciones, otorgar un peso importante al riesgo fiduciario y a los controles puede relegar a un segundo plano otros aspectos de la gestión del riesgo y el aseguramiento de la calidad, en detrimento del impacto en desarrollo, sobre todo en contextos de fragilidad. El hecho de que la oficina de la AECID en Madrid esté elaborando nuevas directrices sobre gestión de riesgos ofrece la oportunidad de aprovechar las buenas prácticas de las Oficinas Técnicas de Cooperación para hacer que el enfoque se amplíe de los riesgos fiduciarios a un planteamiento más estructurado de la gestión del riesgo de corrupción, reconociendo los riesgos políticos y relacionados con el poder como posibles impulsores de la corrupción, y para garantizar un planteamiento más sistemático y global en todas las intervenciones. Además, la reciente introducción de mecanismos formales de denuncia de irregularidades en Madrid no se ha trasladado en todos los casos a las Oficinas Técnicas de Cooperación. Estos mecanismos de denuncia probablemente se verían beneficiados con medidas de comunicación complementarias, la creación de puntos focales para debatir cuestiones relacionadas con la integridad y la corrupción, y los esfuerzos para apoyar mejor a quienes descubren y denuncian los casos. El resultado sería una gestión más robusta de los riesgos de corrupción en las operaciones del país.

El limitado aprendizaje institucional sistemático dificulta aún más la orientación estratégica del sistema en su conjunto. En reconocimiento de este difícil reto, la cooperación española ha establecido un Comité Interinstitucional de Coordinación y Seguimiento de Gestión del Conocimiento[11], además de iniciativas internas dentro de cada una de las instituciones. A lo largo de los años, España ha respaldado la colaboración institucional y las redes de expertos sectoriales, pero el dinamismo de estas redes ha sido variable, así como el apoyo que han recibido de los sucesivos equipos ejecutivos. Estas iniciativas no están estructuradas en torno a una visión estratégica común que respalde el uso sistemático del conocimiento para la orientación estratégica. Por ejemplo, el impresionante esfuerzo por comunicar todas las contribuciones de España a los ODS[12] constituye un ejercicio *ad hoc*, basado en indicadores comparables elaborados por cada socio en la ejecución, pero que todavía no se emplean en la planificación.

Recomendaciones

5. **Adecuar el marco normativo y los sistemas administrativos a las aspiraciones de la cooperación para el desarrollo a largo plazo**, con miras a favorecer un apoyo constante, aunque flexible, acelerar la contratación, reducir la carga administrativa y mejorar la flexibilidad y la calidad de las asociaciones.

6. **Continuar desarrollando y difundiendo las directrices de gestión del riesgo** para hacerlas plenamente operativas a nivel de proyectos y programas, y prestar apoyo al personal para priorizar la gestión del riesgo en función del contexto con el propósito de mejorar la ejecución de programas.

7. **Reforzar el aprendizaje institucional** derivado de la cooperación técnica, los resultados de la programación entre ministerios y entidades, así como la experiencia de las oficinas técnicas de cooperación, y **desarrollar sistemas de gestión del conocimiento robustos y estables**.

Diseño y participación en alianzas horizontales e inclusivas

Los marcos bilaterales de asociación son un buen ejemplo de un enfoque participativo ascendente, tanto en España como en los países y territorios de asociación

Los marcos de asociación bilaterales (MAP) son instrumentos plurianuales (normalmente por cuatro años) que establecen el modo en que puede contribuir la alianza entre España y un país o territorio de asociación al desarrollo sostenible. El MAP[13] establece un marco común para la consulta y la creación de alianzas con todos los actores e instrumentos financiados por la AOD española. En la actualidad, España está probando la inclusión del apoyo oficial total para el desarrollo sostenible en los MAP[14] . Las consultas para la elaboración de MAP se celebran tanto en España como países y territorios de asociación (Figura 3)[15]. En lo que respecta a los marcos de asociación individuales, un subgrupo formado por los 89 actores que participan en la plataforma de consulta en sede lo hace también en equipos de país ampliados en España. El equipo de país ampliado del MAP de Colombia fue el más participativo de todos los marcos de país recientes y en él participaron 31 instituciones. El equipo de país ampliado valida el MAP una vez acordado con las partes interesadas nacionales y las partes de ambos gobiernos firman el documento definitivo.

La cooperación española cultiva un proceso abierto y transparente que se centra en la adaptación, la apropiación y las alianzas. A partir del V Plan Director, se ha desarrollado una nueva generación de MAP que se adapta por completo a la Agenda 2030. Los planes nacionales y sectoriales constituyen el punto de partida para el diseño de los nuevos MAP y los plazos para la aprobación de estos es flexible, por lo que puede adaptarse a los ciclos de planificación nacionales. Un «grupo de país estable» denominado Grupo Estable de Cooperación se reúne regularmente en el país de asociación —no solo durante la elaboración del MAP— (Figura 3). También se reúnen regularmente dos comisiones —una a nivel estratégico y otra a nivel técnico—, en las que participan funcionarios públicos de los países de asociación, la embajada y la Oficina Técnica de Cooperación. Los grupos de trabajo mixtos incluyen a participantes de la sociedad civil y a otras partes interesadas, y se establecen cuando es necesario en el caso de sectores o ámbitos concretos. En cuanto se ha establecido un MAP, la Oficina Técnica de Cooperación se vale de las alianzas que ha establecido con diferentes partes interesadas para ejecutar los programas, y se encarga de garantizar la alineación de la financiación bilateral. Por ejemplo, la Oficina Técnica de Cooperación evalúa todas las propuestas de proyectos de las organizaciones de la sociedad civil ubicadas en España con respecto a los criterios de alineación del MAP y las necesidades locales; la oficina también solicita los fondos horizontales gestionados por la AECID en Madrid, pero no participa directamente en la programación del FONPRODE. España y los países de asociación cofinanciaron varios programas, lo cual es un aspecto común de la cooperación española, que contribuye a garantizar que los programas se adaptan bien y existe una total apropiación de las partes interesadas locales.

Figura 3. El proceso participativo de España para el diseño y el seguimiento de los MAP implica a todos los actores

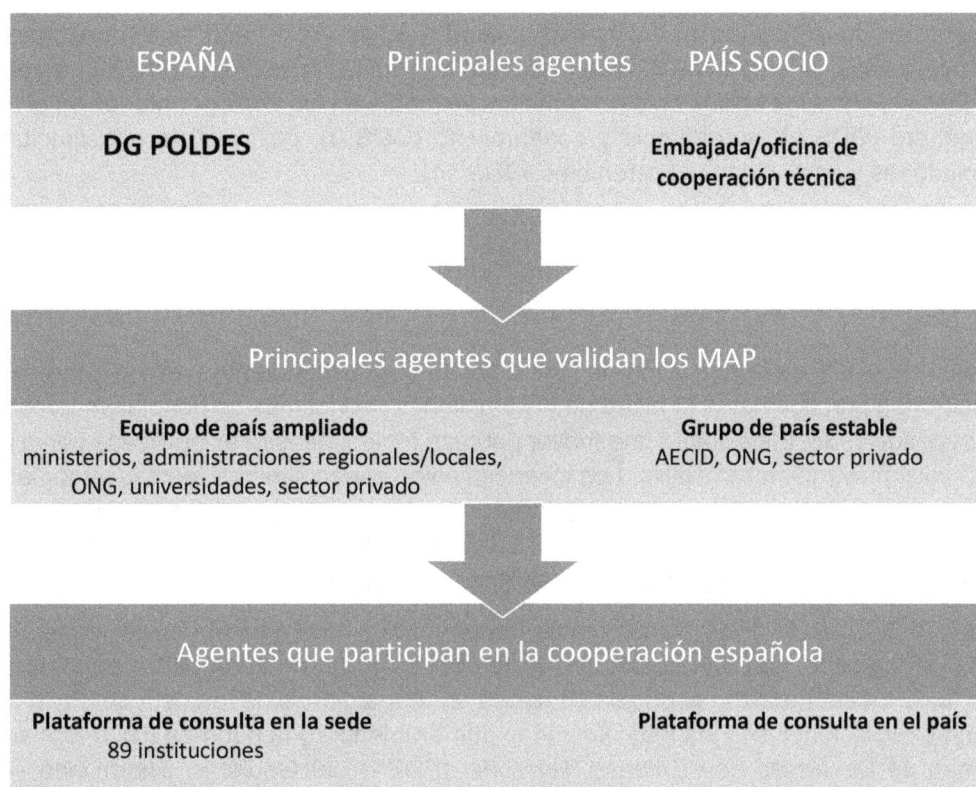

Fuente: ilustración de los autores basada en la presentación hecha por la AECID al equipo del examen de pares

Las partes interesadas valoran sistemáticamente el proceso del MAP y la confianza que genera, lo que consideran esencial para el éxito de la cooperación para el desarrollo española. El constante diálogo entre el país de asociación y las autoridades españolas sobre el terreno demuestra que la cooperación española es tanto una cuestión de redes, conocimiento y experiencia como de recursos financieros. El hecho de que la cooperación española ofrezca una robusta agenda a nivel local, que trabaja con la comunidad y con las ONG locales, al tiempo que ofrece cooperación técnica y financiera en el ámbito regional y nacional, implica que el país sea capaz de comunicar gran variedad de necesidades, fomentar el diálogo político y amplificar aquellas voces que no necesariamente serían escuchadas. La credibilidad de España en Colombia se ve reforzada por la experiencia y el conocimiento de sus propias comunidades autónomas y municipios en la transmisión de mensajes y la ejecución de programas. Por ejemplo, los diputados y la sociedad civil de Cataluña y de la ciudad de Barcelona tuvieron la posibilidad de reunirse directamente con las autoridades locales de Colombia y hablar, por experiencia, de lo importante que era para Colombia restaurar el diálogo, abordar los derechos humanos y convertir el proceso de paz en una prioridad política[16]. Gracias a esto, el MAP 2020-2024 se mantuvo enfocado en los derechos humanos.

Los países y territorios de asociación perciben el valor añadido de España como socio de confianza que escucha y hace lo posible por ser flexible en su programación dentro de los límites de la reglamentación. El constante diálogo entre las autoridades locales y la cooperación española a través de la embajada y la oficina técnica es fundamental para mantener un enfoque flexible que pueda adaptarse a las diferentes peticiones y necesidades de las partes. Los primeros datos sugieren que este enfoque participativo, horizontal e igualitario también es válido incluso fuera de América Latina y el Caribe (una región en la que los intereses comerciales, culturales e históricos pueden en ocasiones eclipsar la cooperación al desarrollo de España), lo cual demuestra lo arraigada que está esta forma de operar de la cooperación española. Los socios valoran también la experiencia de España en derechos humanos, género, cooperación descentralizada, diversidad cultural, y el uso que hace de esta experiencia en su programación para llegar a las personas más marginadas y vulnerables (Recuadro 2). La confianza que ha generado España entre los socios en estos ámbitos se refleja en los ODS prioritarios en el actual MAP: igualdad de género (ODS 5); agua limpia y saneamiento (ODS 6); paz, justicia e instituciones sólidas (ODS 16); y ciudades y comunidades sostenibles (ODS 11).

Recuadro 2. Llegar a las personas más vulnerables de Colombia mediante la conservación de la cultura, el apoyo a los migrantes y la formación

Aproximadamente el 9% de la población de Colombia es afrodescendiente y el 4,4% indígena. Estos grupos representan prácticamente la mitad de los 9 millones de víctimas de desplazamientos forzosos por conflictos desde 1985. Ellos sufren una mayor pobreza multidimensional, agravada por la pandemia de la COVID y los movimientos sociales. Los jóvenes se ven especialmente afectados por la violencia, la exclusión y la pobreza, y un número importante de jóvenes desplazados y sin escolarizar son reclutados por grupos armados. Además, desde 2015, 1,73 millones de refugiados venezolanos han cruzado la frontera, creando otro grupo potencialmente marginado (MAUC, 2021[10]).

En el Marco de Asociación País de Colombia-España 2020-2024 (su MAP), la resolución de las disparidades de ingresos, salud y educativas de la población del país ocupa un papel fundamental (MAUC, 2021[10]). La cooperación española se centra en dos regiones de la costa del Pacífico (Nariño y Chocó) cuyas poblaciones son las más afectadas por la violencia y la pobreza y que forman parte de los Programas de Desarrollo con Enfoque Territorial (PDET) del Gobierno colombiano —regiones prioritarias para el desarrollo territorial—. Aprovechando su prolongada experiencia de trabajo por la paz y la integración, España invierte en grupos sociales locales y la sociedad civil, así como en la prestación de servicios básicos.

En 1992, la AECID inició el programa de escuelas taller, que en 2009 se amplió para transformarse en un programa nacional. Se basa en un modelo empleado en España para formar a los jóvenes en oficios relacionados con el patrimonio cultural (Recuadro 5). En un plano más profundo, las escuelas pretenden formar ciudadanos que puedan trabajar en armonía y ejercer de agentes del cambio para inculcar una cultura de paz (Programa Nacional de Escuelas Taller, 2016[11]). Además de su apoyo a las regiones prioritarias y a las escuelas taller, España aprovecha la cooperación financiera adicional para llegar a las poblaciones más vulnerables. Conjuntamente con el Banco Interamericano de Desarrollo, la AECID ha firmado hace poco un acuerdo con el municipio de Barranquilla, que ha acogido recientemente a 140.000 migrantes y refugiados venezolanos (IDB, 2021[12]). Dentro de este acuerdo, España comprometió un préstamo por valor de 45 millones de EUR (financiación reembolsable) del FONPRODE respaldado por una garantía soberana de Colombia, y una subvención de 5 millones de EUR para financiar proyectos medioambientales y ayudar a los migrantes a acceder a los servicios urbanos (AECID, 2021[13]).

La debilidad de las instituciones hace que España, al igual que otros socios, haya colaborado con las entidades locales y de coordinación en la gestión de los recursos procedentes de ese país, así como del Fondo Fiduciario de la Unión Europea para Colombia delegado en la cooperación española. Las partes interesadas mencionan problemas de gestión de los recursos, como la lentitud de los procesos, los procedimientos mal adaptados a las condiciones locales y el hecho de que quienes toman las decisiones no se encuentren en el territorio durante todo el ciclo de ejecución. La AECID trabaja de forma flexible para, encontrar soluciones relacionadas, por un lado, con su apoyo a las organizaciones de base y la economía mayoritariamente informal sobre el terreno y, por otro, con la falta de directrices o manuales adaptados proporcionados por Madrid. Estas dificultades se resuelven en gran medida *ad hoc* y las lecciones aprendidas no se comparten automáticamente a todo el sistema (Kalidadea, 2015[14]).

Fuentes: AECID (2021[13]), *La AECID contribuirá a la integración de los migrantes y refugiados venezolanos en Colombia a través de su cooperación financiera*, http://www.aecid.es/ES/Paginas/Sala%20de%20Prensa/Noticias/2021/2021_07/08_barranquilla.aspx.

BID (2021[12]) «BID aprobará operaciones por US$1.250 millones para Colombia en 2021», https://www.iadb.org/es/noticias/bid-aprobara-operaciones-por-us1250-millones-para-colombia-en-2021

Kalidadea (2015[14]), *Evaluación intermedia del proyecto: Unidad de gestión del Programa Nacional Escuelas Taller de Colombia - herramientas de paz en Colombia*, www.cooperacionespanola.es/sites/default/files/evaluacion_intermedia_escuela_taller_colombia.pdf

MAUC (2021[10]) Marco de Asociación País Colombia - España 2020-2024 https://www.aecid.org.co/index.php?idcategoria=2464

Programa Nacional de Escuelas Taller (2016[11]), *Caja de Herramientas - Cultura de Paz*, www.aecid.org.co/recursos_user//Final%20-%20Caja%20de%20herramientas.pdf

Los MAP son estrategias integrales que engloban todos los instrumentos y modalidades de España

Los MAP enumeran los instrumentos y las modalidades a fin de ofrecer una visión general de las inversiones potenciales durante el período. Los instrumentos de la cooperación para el desarrollo de España incluyen apoyo bilateral a modo de becas, cooperación técnica y financiera, fondos temáticos y apoyo multilateral. En los MAP se identifican cada una de las distintas modalidades —financiación reembolsable (préstamos), alianzas público-privadas (APP), apoyo a ONG, cooperación triangular y fondos para la innovación—. En una nueva sección incluida en el MAP sobre los riesgos y la programación se identifican los riesgos internos (asociados con el proceso MAP) y externos (políticos, institucionales, sociales, económicos y medioambientales). Tanto España como sus socios tienen un claro interés político en involucrar a más actores del sector privado local y español en el proceso de diseño y consulta de los MAP y los programas de país. Hasta la fecha esto no se ha materializado en inversiones de alianzas público-privadas (APP) concretas en el terreno, aunque está claro que las redes comerciales y de desarrollo españolas pueden solaparse, como sucede con TECNiCAFÉ en Colombia (véase Aprovechamiento de la financiación para el desarrollo).

España ha avanzado mucho en la inclusión de la cooperación descentralizada en el MAP, como se recomendaba en el anterior examen de pares (anexo A). Por primera vez en Colombia, el diseño del MAP para 2020-2024 involucró directamente a autoridades españolas descentralizadas en las comisiones de país del grupo técnico y mixto. Esta iniciativa de la Oficina Técnica de Cooperación en Bogotá fue importante debido a que las comunidades autónomas y los municipios financian directamente programas en Colombia y a que era probable que se produjeran sinergias con otros programas que serían menos evidentes a partir de las conversaciones en Madrid. Pese a que el manual publicado por la DGPOLDES contribuye a orientar y coordinar la participación de los diferentes actores, el proceso se basa en la buena voluntad y el intercambio informal. Por ello, no es de extrañar que el proceso intensivo del MAP dependa tanto de la calidad y dedicación de los funcionarios de la AECID en cada una de las Oficinas Técnicas de Cooperación. La calidad de los recursos humanos en las Oficinas Técnicas de Cooperación se considera claramente una fortaleza de la cooperación española, a pesar del número limitado de expertos técnicos en algunas oficinas —aspecto que debería considerarse más detenidamente en el contexto de la reforma del sistema (véase Adecuación al objetivo: un compromiso renovado con la cooperación internacional requiere una reforma integral).

España presta especial atención a la programación conjunta de la UE y los MAP incluyen una sección sobre cómo aprovechar la cooperación para el desarrollo de los Estados miembros y las instituciones comunitarias. El proceso de diseño de los MAP requiere mucho trabajo[17]; resulta lógico que otros socios partan de los resultados de estas consultas y de sus respectivas fortalezas para diseñar la programación conjunta de la UE. Actualmente, los gobiernos socios de América Latina y el Caribe perciben a España como un puente hacia la cooperación con la UE, y confían en esta para que les ayude a determinar cómo pueden sacar el máximo provecho de los diversos instrumentos comunitarios. Puede que esto se deba a que España ejecuta gran parte de la cooperación delegada de la UE, y a que a menudo las estrategias de cooperación española y de la Unión están estrechamente alineadas, pero también a que ambos cofinancian un gran número de programas. También sería importante ver cómo se relacionan los equipos país ampliado de Madrid con Bruselas para aprovechar la cooperación española y de la UE.

La diversidad de alianzas puede dificultar en mayor medida los programas específicos y predecibles

Debido a que está totalmente adaptado al contexto y las prioridades locales, el enfoque participativo de la programación de España puede dificultar el establecimiento de prioridades. A la hora de elaborar futuros MAP, por lo general las partes interesadas reflexionan sobre cómo reducir el alcance de las acciones de España. Por ejemplo, un examen del anterior MAP de Colombia señala que los actores y las acciones se repartieron en 786 proyectos en el período 2015-2019 para un programa de cooperación para el desarrollo de 69,5 millones de EUR. Esto sugiere que la cooperación española se beneficiaría con un enfoque más integrado (LPIC, 2019[15]). El proceso de elaboración del MAP, los recortes presupuestarios de los últimos años y la fragmentación en la toma de decisiones (véase más abajo) pueden dar lugar a un amplio catálogo de proyectos y programas relativamente pequeños. Los entrevistados también señalan que los compromisos arrastrados de años anteriores debido a demoras pueden hacer casi inevitable la fragmentación de la citada cartera, pese a hacer todo lo posible por concentrarla. España ha logrado centrar mejor su programa en el país mediante una estrecha alineación con el proceso de paz en Colombia y la definición de zonas geográficas en las que concentrarse (Recuadro 5).

Los MAP representan el compromiso político por parte de España y sus socios, aunque la financiación es a corto plazo. Las estrategias nacionales a cuatro o cinco años deben compatibilizar el hecho de que el presupuesto se elabora anualmente, lo que hace imprevisible la financiación futura. Pese a que existen soluciones imaginativas ante la falta de una programación plurianual[18], su uso es poco frecuente. Aparte de la programación plurianual, la cooperación española también depende en gran medida de las convocatorias de subvenciones, cuya demanda suele superar la oferta, especialmente la correspondiente a la financiación de OSC. **La introducción de procedimientos de apoyo a largo plazo permitiría afrontar esta dificultad (recomendación 5).**

La previsibilidad de España a medio plazo sigue estando muy por debajo del promedio del CAD, según el informe de seguimiento de la Alianza Global para la Cooperación Eficaz al Desarrollo (OECD/UNDP, 2019[16]). Los importantes recortes en el presupuesto de AOD, el proceso presupuestario anual y las decisiones tomadas por los distintos actores en lugares y momentos distintos justifican la falta de recursos previsibles de la última década. La cofinanciación con otros socios bilaterales y multilaterales ha ayudado a España a garantizar una financiación a más largo plazo para propiciar un cambio más estructural. El hecho de que el equipo país ampliado de Madrid se implique de lleno en el diseño y la aprobación del MAP hace que, al menos, los compromisos de España con los resultados específicos sean públicos, lo que contribuye a garantizar que el país cumple su acuerdo de asociación en la medida de lo posible.

A pesar de que varios actores de la cooperación española consideran las prioridades del MAP como una visión global del compromiso de España en un país o territorio, no se sienten necesariamente obligados a seguirlas en el desarrollo de sus actividades. Pese a alinearse con sus prioridades, en general los actores de la sociedad civil consideran que el MAP más bien representa un compromiso entre gobiernos que no necesariamente condiciona sus actividades. La participación de un amplio grupo de partes interesadas, como las ONG, en las consultas sobre el MAP puede deberse más bien a un firme compromiso de colaboración con la AECID que con el propio MAP.

Aunque la Oficina Técnica de Cooperación se encarga del desarrollo del MAP, en la práctica no puede supervisar todos los programas de un país o territorio. Además, la cooperación financiera o técnica del FONPRODE o el Fondo de Cooperación para Agua y Saneamiento (FCAS) raramente se inicia desde la Oficina Técnica de Cooperación, y a menudo queda fuera de la planificación del MAP. Resulta difícil imaginar que la configuración actual de la Oficina Técnica de Cooperación —con su equipo nacional relativamente reducido— pueda garantizar la coherencia y la integridad del MAP, aunque tomase todas las decisiones sobre la programación. Una parte importante del presupuesto destinado a la financiación para la cooperación tanto española como descentralizada se basa en convocatorias para la sociedad civil, fondos temáticos asignados entre los socios en función de las propuestas, becas y cooperación financiera, todo ello gestionado en gran medida por procesos que tienen lugar en España. Además, las prórrogas debidas a los retrasos en el cumplimiento de los compromisos contraídos en el pasado pueden determinar en gran medida los ámbitos y los recursos que debe priorizar la Oficina Técnica de Cooperación, aunque no sean fundamentales para el MAP vigente. España podría considerar un enfoque estratégico más integrado de su cooperación para el desarrollo, centrado en las prioridades comunes y que relacione la cooperación técnica y financiera (recomendación 2).

Todavía se está perfeccionando la gestión para la obtención de resultados a través del Marco de Asociación País

Los nuevos MAP reflejan mejor los resultados que España pretende conseguir con todos sus socios. En el examen de pares de 2016 se recomendó a España que desarrollase herramientas adecuadas para el seguimiento y el análisis de los resultados (anexo A). Esta sigue siendo una labor en curso. La nueva generación de MAP incluye un marco de resultados basado en los ODS y los planes nacionales, y establece un marco de resultados negociado y acordado por el socio y por España a través del comité técnico. El marco de resultados se fija en dos niveles: (1) los propios resultados en materia de desarrollo del país de asociación; y (2) los resultados intermedios que guardan relación con el MAP (Tabla 1). Los indicadores de desempeño o de nivel de producto del proyecto se desglosan por sexo, geografía y origen étnico a efectos de la rendición de cuentas interna y se relacionan con los resultados intermedios, aunque no se incluyen en el marco lógico del MAP. En otra tabla, el marco identifica claramente las funciones de los diferentes actores en la dirección, participación o contribución a cada resultado intermedio.

Tabla 1. Ejemplo de marco de resultados: MAP de Colombia

ODS		Prioridades definidas por Colombia			Prioridades de la cooperación española	
ODS principal	ODS secundario	Plan o estrategia nacional de desarrollo	Líneas temáticas priorizadas de la Estrategia Nacional de Cooperación Internacional (ENCI)	Resultados de desarrollo	Líneas de acción priorizadas del V Plan Director de la Cooperación Española (2018-2021)	Resultados intermedios de MAP Colombia
ODS 1: Poner fin a la pobreza en todas sus formas y en todo el mundo Metas 1.1, 1.2, 1.3 y 1.6	**ODS 3:** Garantizar una vida sana y promover el bienestar de todos a todas las edades **ODS 5:** Lograr la igualdad de género y empoderar a todas las mujeres y las niñas **ODS 10:** Reducir la desigualdad en los países y entre ellos	III. Equidad B. Salud para todos con calidad y eficiencia, sostenible por todos XV. Gestión pública: A. Transformación de la Administración pública	E. Fenómeno migratorio	Las instituciones colombianas se fortalecen para atender a la población migrante venezolana, a los retornados y a las comunidades de acogida	**Meta 1.3.** Implementar sistemas y medidas apropiados de protección social. **Meta 3.2.** Reforzar el sistema sanitario en preparación y respuesta a emergencias sanitarias **Meta 3.3.** Reforzar el acceso a la salud sexual y reproductiva	La población migrante venezolana, los colombianos retornados y las comunidades de acogida en situación de vulnerabilidad pueden acceder a servicios de salud de calidad, seguridad alimentaria y nutrición, así como a condiciones de vida y a transferencias monetarias en municipios y localidades priorizados por el Gobierno nacional.

Fuente: AECID (2021[10]), *Marco de Asociación País Colombia - España 2020-2024*
www.aecid.org.co/recursos_user//documentos/2021%20docs/Marco%20de%20asociacion%20pais%20Colombia%20Espana%202020%2020 24.pdf

Los nuevos MAP se examinan anualmente con fines de rendición de cuentas, lo cual contribuye a la adaptación de los programas. El proceso del MAP incluye actualmente un seguimiento anual de resultados intermedios. Los informes se compartirán con todos los socios de las comisiones técnicas del país de asociación para la rendición de cuentas. La diversidad de los actores de la cooperación española en los distintos proyectos y programas, cada uno con sus propios sistemas de seguimiento y evaluación y sus socios de ejecución, puede dificultar la consolidación y la gestión para obtener resultados a un nivel más estratégico y para fundamentar la toma de decisiones. Más allá de informar sobre los progresos realizados, no está claro cómo utilizan esta información el MAUC o la AECID en la toma de decisiones, o su idoneidad para permitir extraer análisis de los datos recogidos.

Captar los resultados a los que contribuye España, pero que son menos fáciles de medir, constituye un reto difícil para todos los miembros (véase Movilización de la experiencia del sector público para el desarrollo y el intercambio de conocimiento). Sin embargo, como ha podido constatarse en Colombia, el apoyo de España a la reforma sistémica y a la paz mediante el refuerzo de la política legal y pública, al tiempo que se invierte en proyectos más pequeños por medio de las organizaciones de la sociedad civil, ha generado resultados sostenibles a medio y largo plazo. Se están desarrollando a día de hoy nuevas herramientas en Madrid para captar estos resultados. Los marcos de resultados no son coherentes en todos los países y territorios, y actualmente es difícil identificar indicadores estándar en los casos en que no existe un sistema para notificar esta información. **La continuidad de los esfuerzos para medir los resultados a nivel local podría servir como base para el diseño de futuros programas en**

el ámbito nacional y fuera de este, y sistematizar las lecciones aprendidas en la cooperación española (recomendación 8).

Movilización de la experiencia del sector público para el desarrollo y el intercambio de conocimiento

España se apoya en la cooperación técnica pública en el conjunto de su sistema

Una característica clave de la cooperación para el desarrollo de España es el uso que hace de la experiencia del sector público para reforzar las capacidades de las Administraciones públicas y reformar las políticas públicas de los países y territorios de asociación. La Ley de Cooperación Internacional para el Desarrollo de 1998 establece la cooperación técnica como instrumento primario de la cooperación internacional (Agencia Estatal Boletín Oficial del Estado, 1998[2]). Generando confianza mutua, fomentando el diálogo y estableciendo un espacio para el aprendizaje entre pares, la cooperación técnica pública puede fundamentar políticas públicas eficaces en los países y territorios de asociación que impulsen un desarrollo inclusivo y sostenible.

En España, este planteamiento se desarrolla tanto a nivel central como local. Las administraciones públicas españolas, incluidas las de las comunidades autónomas y las entidades locales, aportan su conocimiento y experiencia, mientras que las agencias de la cooperación española proporcionan las metodologías necesarias para obtener resultados en materia de desarrollo y optimizar la gestión y la rendición de cuentas. Para ello, España recurre a dos instituciones con una forma de trabajar muy similar: (1) la AECID, que está a cargo de los programas INTERCOONECTA y COO-TEC (Programa Latinoamericano de Cooperación Técnica), que actúan a nivel regional y bilateral respectivamente; y (2) la FIIAPP (Fundación Internacional y para Iberoamérica de Administración y Políticas Públicas). Estos se describen a continuación.

El programa INTERCOONECTA[19] tiene por objeto generar alianzas de conocimiento para el desarrollo a través del aprendizaje y la colaboración entre los funcionarios de América Latina y el Caribe. El programa se desarrolla a través de una red formada por cuatro centros regionales de formación, cada uno de los cuales se dedica a temas concretos relevantes para la región (Figura 4)[20]. A partir de las necesidades identificadas por los centros de formación, las instituciones públicas españolas elaboran programas de formación a modo de seminarios, talleres y reuniones que posteriormente se imparten en los centros de formación de forma presencial o mediante un aula virtual. A corto plazo, la AECID tiene previsto transformar sus centros regionales de formación en centros de innovación. De este modo, existirán oportunidades para trabajar en estrecha colaboración con las Oficinas Técnicas de Cooperación de la región a fin de identificar innovación e innovadores locales para extender el conocimiento en la región, singularmente mediante cooperación triangular.

INTERCOONECTA también respalda los programas horizontales[21] de la AECID, que movilizan la asistencia técnica para facilitar el intercambio de conocimiento dentro del programa y para aprovechar las complementariedades siempre que sea posible. Por ejemplo, el programa COO-TEC trabaja de forma bilateral para facilitar misiones o consultorías mediante el envío de expertos de cooperación técnica española o a funcionarios asociados a misiones o consultorías en terceros países.

La FIIAPP emplea una metodología similar sin recurrir a los centros de formación de la AECID. La FIIAPP respalda el aprendizaje entre pares, el refuerzo de capacidades y el intercambio de conocimiento, experiencia y prácticas entre las administraciones públicas para promover el diseño, la implementación y la evaluación de políticas públicas y para desarrollar capacidades institucionales. Esta fundación, que no está limitada geográfica ni temáticamente por los planes directores, trabaja principalmente de acuerdo con las prioridades de política exterior de las instituciones españolas. Una de sus características es que, tanto a nivel regional como multinacional, ejecuta la cooperación delegada y el hermanamiento de la UE, más que programas bilaterales de España.

Figura 4. El modelo del plan INTERCOONECTA: cómo contribuye el conocimiento a los resultados de desarrollo

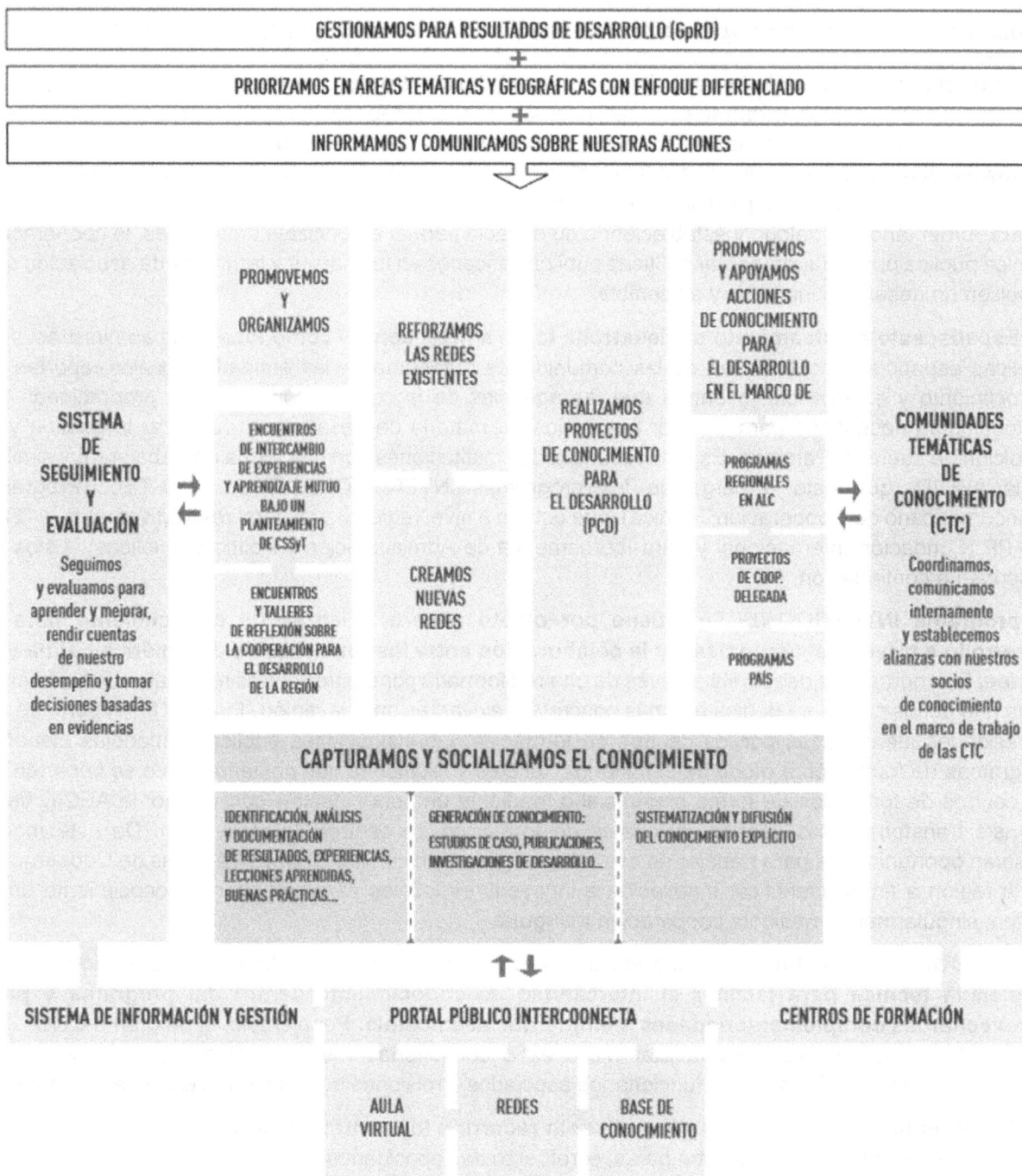

Nota: CSSyT: Cooperación Sur-Sur y Triangular; ALC: América Latina y el Caribe

Fuente: AECID (2016[17]), *INTERCOONECTA - Plan de transferencia, intercambio y gestión del conocimiento para el desarrollo de la cooperación española en América Latina y el Caribe*, https://www.aecid.es/Centro-Documentacion/Documentos/Publicaciones%20AECID/Plan_INTERCOONECTA.pdf.

Los intercambios entre pares establecen alianzas regionales duraderas y comprometen a los países de renta media con el logro de los ODS

Los enfoques de aprendizaje entre pares que aportan perspectivas locales, regionales e internacionales a los retos comunes han dado lugar a la creación de redes y comunidades de práctica duraderas, sobre todo en Iberoamérica. A nivel local, las mesas país temáticas facilitan el intercambio de conocimiento entre socios mediante un enfoque de conjunto del Gobierno, tanto por parte de los socios como de los países y territorios de asociación (Recuadro 3). En América Latina, España también ha promovido foros regionales de aprendizaje mutuo que tratan temas transnacionales o transfronterizos relevantes para varios países[22]. La mayoría de las redes inicialmente creadas o financiadas por España, como la Asociación Iberoamericana de Ministerios Públicos, son autosuficientes en la actualidad. El hecho de que estas redes se hayan mantenido activas durante la pandemia de COVID-19 es una muestra de su valor añadido para quienes participan en ellas. Si bien las redes duraderas son útiles para el intercambio y la generación de conocimiento, también pueden contribuir a la integración regional y a la promoción regional. Por ejemplo, la Conferencia de Directores Iberoamericanos del Agua ha movilizado dos de sus redes temáticas dedicadas al agua y al medio ambiente para preparar posiciones comunes con vistas a la 26.ª Conferencia de las Partes (CP 26) sobre el cambio climático.

Los enfoques entre pares también facilitan la colaboración con los países de renta media. El V Plan Director coloca la cooperación técnica en el centro de su estrategia diferenciada en todo el mundo. España prevé hacer uso de una mayor cooperación técnica y del diálogo político a medida que los países y territorios avanzan en el proceso de desarrollo. El diálogo político y la Cooperación Sur-Sur y Triangular puede hacer avanzar los esfuerzos de los países de renta media por garantizar bienes públicos regionales y globales[23]. Los diálogos sectoriales regionales, en estrecha coordinación con los programas de la UE, también han facilitado la labor de promoción y la integración de cuestiones complejas como el género, la desigualdad, el medio ambiente y la coherencia de políticas, sobre todo en América Latina.

A medida que España aumenta su compromiso en África, puede aprovechar su valiosa perspectiva de la cooperación técnica pública: una relación horizontal basada en el diálogo entre pares, la confianza mutua, las redes duraderas de expertos y responsables políticos diseñadas en torno a necesidades comunes, y la experiencia de administraciones especializadas en proporcionar apoyo técnico.

Recuadro 3. Mesas país: creación de soluciones entre gobiernos y países[1]

Los pilares económico, social y medioambiental integrados de la Agenda 2030 exigen que las distintas partes de los gobiernos colaboren para facilitar sinergias, gestionar compromisos y evitar o minimizar efectos colaterales negativos a la hora de resolver los retos del desarrollo, ya sean locales, regionales o globales, y afecten a uno o varios sectores. Si bien algunos países y territorios han creado varias estructuras formales de coordinación de alto nivel, estas no incluyen necesariamente a todos los socios y pueden carecer del impulso necesario para encontrar soluciones sostenibles a los retos compartidos.

En el marco de Eurosocial+ y otros programas regionales de la UE en América Latina, la Fundación Internacional y para Iberoamérica de Administración y Políticas Públicas (FIIAPP) ha desarrollado una metodología para facilitar el diálogo estructurado entre pares sobre retos en materia de desarrollo, conocida como «mesas país». Estas reúnen a los representantes de los principales organismos públicos de los gobiernos socios y las instituciones y los Estados miembros de la UE para identificar y posteriormente acordar un programa de trabajo en torno a prioridades comunes para resolver los desafíos de desarrollo sectoriales y multidimensionales de forma horizontal, multisectorial y participativa. Esto da lugar a un compromiso conjunto de las partes interesadas con objetivos comunes, en consonancia con las ambiciones del reciente enfoque de Equipo Europa («Team Europe»)[2].

Las mesas país han sido fundamentales para el éxito de programas regionales, sobre todo para su adaptación a los contextos nacionales. Por ejemplo, la FIIAPP ha coordinado recientemente dos **experiencias piloto** con las administraciones públicas de **Costa Rica y Ecuador para debatir las respuestas coordinadas a la COVID-19 dentro de las iniciativas de Equipo Europa**. Estos mecanismos de diálogo estructurado han ayudado a los países y territorios de asociación, así como a los socios, a elaborar una respuesta coordinada y coherente a las demandas y necesidades locales, así como a identificar las prioridades de reforma de las políticas e instituciones públicas locales.

Los socios consideran que la participación de las instituciones adecuadas de los países y territorios de asociación y de los Estados miembros de la UE en el diálogo político sectorial, además de los ministerios implicados en la cooperación técnica pública, constituye un factor clave del éxito. El intercambio entre pares ha generado un diálogo basado en la confianza, y mejorado la evaluación de las necesidades y los resultados previstos.

Notas: [1]Esta práctica se documenta de forma más pormenorizada en la plataforma Development Co-operation TIPs: Tools Insights Practices, disponible en www.oecd.org/development-cooperation-learning. [2]El concepto Equipo Europa se lanzó como parte de la respuesta mundial de la UE a la pandemia de COVID-19 en abril de 2020 con el propósito de facilitar la coordinación entre socios clave. Las iniciativas del Equipo Europa son actividades conjuntas de la UE, sus Estados miembros y las instituciones europeas de financiación para el desarrollo centradas en un sector concreto.

Fuentes: Di Ciommo y Sergejeff (2021[18]), *Getting up to Speed: The EU and the Development in Transition Agenda [Puesta al día: la UE y el desarrollo en la agenda de transición]*, https://ecdpm.org/wp-content/uploads/Getting-Up-To-Speed-EU-Development-In-Transition-Agenda-ECDPM-Discussion-Paper-302-2021.pdf; Illan y Schneider (2019[19]), *Study on the EU and its Member States Mobilising Public Sector Expertise for Development - Final Report [Estudio sobre la movilización de los conocimientos técnicos del sector público para el desarrollo por parte de la UE y sus Estados miembros - Informe final]*, www.dev-practitioners.eu/media/documents/Session_2_-_PSE_Study_Phase_I_0_compressed_1.pdf.

Una mejor integración de la asistencia técnica podría aumentar la complementariedad y reforzar el conocimiento interno

En algunos casos, España ha sabido combinar en un mismo programa la cooperación técnica pública y el apoyo financiero para mejorar primero el marco estratégico y facilitar después la prestación de servicios. Por ejemplo, este enfoque permitió al Fondo de Cooperación para Agua y Saneamiento (FCAS) ayudar al Estado Plurinacional de Bolivia (en lo sucesivo, Bolivia) a reformar sus planes y estrategias nacionales para integrar mejor en su planificación los componentes de gestión medioambiental, la sequía y el drenaje urbano, y prestar estos servicios en las zonas periurbanas (MAUC, 2017[20]).

Este enfoque de complementariedad no es sistemático, entre otros aspectos porque algunos actores consideran la estructura institucional demasiado compleja (Development Co-operation Council, 2020[7]). Son varios los actores (FIIAPP, AECID, Fundación Carolina, comunidades autónomas y ayuntamientos) los que contribuyen a aprovechar la experiencia del sector público. Aunque sus formas de trabajar son similares, cuentan con financiación y prioridades propias. La FIIAPP, que esencialmente ejecuta cooperación delegada y programas de hermanamiento de la UE, no siempre forma parte del proceso de planificación de los marcos de acción país (MAP). Aunque se le consulte, no tiene por qué alinear sus actividades con las del MAP y atiende principalmente a las prioridades de la política exterior. **Un enfoque más integrado, centrado en las prioridades comunes y que relacione la cooperación técnica y financiera, ayudaría a solucionar este problema (recomendación 2).**

También existen oportunidades de relacionar mejor las ayudas bilaterales y regionales. La FIIAPP pretende establecer vínculos entre los esfuerzos nacionales de reforma y la concertación regional a través de los programas regionales de la UE que gestiona. Además, los centros de formación de España en América Latina tienen una dimensión bilateral y regional. No obstante, sus actividades únicamente se coordinan con la cartera bilateral de la AECID de forma *ad hoc*, pese a los esfuerzos por aumentar las sinergias con el apoyo técnico prestado a través del programa COO-TEC (AECID, 2016[17]). Dicho de otro modo, los centros de formación pueden trabajar con los mismos socios locales que los que participan en la cartera bilateral sin que necesariamente se aprovechen las complementariedades entre programas.

Por otra parte, los procedimientos para movilizar a los expertos del sector público son complejos debido a la falta de incentivos de las administraciones públicas españolas para identificar y movilizar al personal; la escasa coordinación; el limitado acceso a la experiencia del sector público desde la administración descentralizada; y la falta de incentivos profesionales de los funcionarios para participar en acciones en materia de desarrollo.

La escasa coordinación entre los restantes actores de cooperación para el desarrollo de España y el programa bilateral también reduce la capacidad del país para transferir el conocimiento especializado creado mediante la asistencia técnica a cada institución encargada de la cooperación para el desarrollo. La amplia difusión de los productos de conocimiento generados en el marco de los distintos programas y los recientes esfuerzos por desarrollar una plataforma de conocimiento compartido constituyen un primer paso. **Un enfoque institucionalizado y estratégico de la gestión del conocimiento dentro de la cooperación para el desarrollo española (recomendación 7) contribuiría a acelerar estos esfuerzos** (véase Adecuación al objetivo: un compromiso renovado con la cooperación internacional requiere una reforma integral).

España no consigue captar plenamente cómo incide el conocimiento en el desarrollo

España se ha esforzado para establecer una idea común entre DGPOLDES, AECID y FIIAPP sobre cómo contribuye su cooperación técnica pública a los resultados en materia de desarrollo. A través del Programa Transparencia, Comunicación y Gestión de Conocimiento del sistema de Cooperación Española, el país ha desarrollado métodos y herramientas comunes para evaluar la cooperación técnica pública, vincular las actividades de conocimiento con resultados específicos de desarrollo e integrar lo aprendido en la futura cooperación para el desarrollo (AECID, 2016[17]). La FIIAPP también ha desarrollado su propio marco de resultados como parte de sus contribuciones a los proyectos de la UE, y en los marcos de resultados de los MAP se identifica parte de la cooperación técnica bilateral.

A pesar de esto, los actuales marcos de resultados no captan de qué forma contribuyen los distintos instrumentos de asistencia técnica pública al desarrollo de las capacidades institucionales o a la mejora de las políticas públicas en los países y territorios de asociación. En la actualidad, los principales instrumentos que permiten medir los resultados de las actividades de fomento de la capacidad de España son encuestas de satisfacción enviadas a los participantes. El país no está en condiciones de informar sobre el alcance de sus productos de conocimiento, cómo utilizan los socios el conocimiento adquirido o cómo han influido en las administraciones y sus políticas. Además, no existe un sistema de información común para registrar dichos resultados. Por ello, no le es posible capitalizar ni difundir íntegramente el conocimiento generado por sus distintos programas. Una mejor comprensión de la eficacia de la cooperación técnica pública contribuiría a identificar mejor qué políticas tienen una mayor influencia sobre las diferentes dimensiones del desarrollo y ayudaría a las administraciones de origen a motivar a su personal y alcanzar una masa crítica de proyectos.

Recomendación

8. **Continuar con los esfuerzos de constante medición de los resultados** a nivel institucional y en el ámbito local, en especial los resultados de la cooperación técnica y las actividades de fomento del conocimiento, con miras a asegurarse de que la información sobre los resultados se emplea con fines de rendición de cuentas y de toma de decisiones.

Aprovechamiento de la financiación para el desarrollo

La cooperación financiera para el desarrollo de España carece de una política o estrategia

En su V Plan Director[24], España recoge una lista de prioridades de cooperación financiera. Sin embargo, no existe una política general que establezca de forma clara los principios de cooperación financiera y lo que se pretende lograr. España considera que la cooperación financiera es fundamental para movilizar recursos públicos y privados y que además complementa sus esfuerzos de cooperación técnica. Dado que el país presta una mayor atención a la obtención de financiación adicional para el desarrollo, se ha manifestado en los foros internacionales y con sus socios sobre la necesidad de mejorar la transparencia y la información con relación a estas cuestiones.

El FONPRODE pierde oportunidades de convertir el desarrollo sostenible en el eje de su cooperación financiera

El modelo del FONPRODE es modular e involucra a numerosos actores. La Compañía Española de Financiación del Desarrollo (COFIDES) ofrece préstamos y acciones a empresas españolas como financiación para el desarrollo adicional[25], mientras que la AECID ofrece cooperación financiera para el desarrollo sostenible con arreglo al presupuesto de la AOD a través de dos fondos: FONPRODE y FCAS[26]. En la actualidad el FONPRODE se financia exclusivamente mediante el presupuesto de cooperación para el desarrollo española y debe obtener el 100% de sus recursos de la AOD. COFIDES actúa como asesor financiero del FONPRODE y realiza análisis del riesgo, debida diligencia y labores de seguimiento y evaluación[27], mientras que el Instituto de Crédito Oficial (ICO) ejerce como su agente financiero[28]. El ICO examina la fiabilidad y el cumplimiento desde la perspectiva del equilibrio macroeconómico y fiscal, y garantiza que ni España ni el beneficiario se ven sobreexpuestos a los mercados de capitales.

El modelo del FONPRODE plantea un reto fundamental para la rendición de cuentas tanto en Madrid como en los países y territorios en los que opera. El FONPRODE dispone de capacidad limitada de dirección y gobierno de sus operaciones, ya que COFIDES y el ICO se encargan respectivamente de los servicios bancarios y el asesoramiento financiero. Por consiguiente, el FONPRODE (AECID) no funciona como institución financiera. Además, para financiar sus operaciones depende únicamente de una línea presupuestaria del Gobierno, más los reembolsos de préstamos y los ingresos de los fondos de inversión.

Muchas de las operaciones del FONPRODE se identifican, deciden y supervisan desde Madrid, sin consultar a las Oficinas Técnicas de Cooperación, que no participan de forma plena. A fin de capitalizar el valor añadido de la experiencia geográfica y sectorial de la AECID y garantizar que la cooperación financiera tiene como eje el desarrollo sostenible, las operaciones del FONPRODE deben poder aprovechar esta experiencia adicional, que complementa la de los ocho o nueve trabajadores de su oficina de Madrid. Si no es así se perderán oportunidades de generar sinergias con la programación bilateral y de relacionar la cooperación técnica y financiera. Por ejemplo, cuando se necesita que una Oficina Técnica de Cooperación realice el seguimiento de una operación del FONPRODE, puede no estar clara la distribución de funciones y responsabilidades entre dicha oficina y la oficina del FONPRODE en Madrid, y provoque el correspondiente retraso. **Una mayor movilidad geográfica del personal podría permitir una mejor comprensión del valor y el papel que puede desempeñar la cooperación financiera dentro de la cooperación española (recomendación 4).**

Los actuales instrumentos y acuerdos institucionales de España frenan una mayor cooperación financiera

El actual proceso de autorización de la cooperación financiera es complejo, en especial teniendo en cuenta su reducido volumen de operaciones. El límite anual de los compromisos del FONPRODE es de 375 millones de EUR. Puede desembolsar un máximo de 199 millones de EUR al año, aunque sus desembolsos *reales* fueron de tan solo 15,5 millones de EUR en 2018 y de 25,8 millones de EUR en 2017 (AECID, 2021[21]). Todas las operaciones se aprueban al más alto nivel del Gobierno tras una compleja serie de autorizaciones de las que el FONPRODE (y la AECID) son responsables en última instancia (Figura 5). El Comité Ejecutivo del FONPRODE está presidido por la SECI e incluye a representantes del MAUC, el MINECO y el ICO, así como otras organizaciones y ministerios que gestionan fondos de la AOD. El comité debe aprobar los informes o propuestas de los tres organismos por separado. A continuación, puede que sea necesario contar con la autorización de la Comisión Delegada del Gobierno para Asuntos Económicos antes de que la Comisión General de Secretarios de Estado y Subsecretarios dé su conformidad. Por último, el comité debe obtener también la autorización del Consejo de Ministros, que debe aprobar todas las operaciones, con independencia del límite financiero[29].

Figura 5. El complicado proceso de autorización de las operaciones del FONPRODE

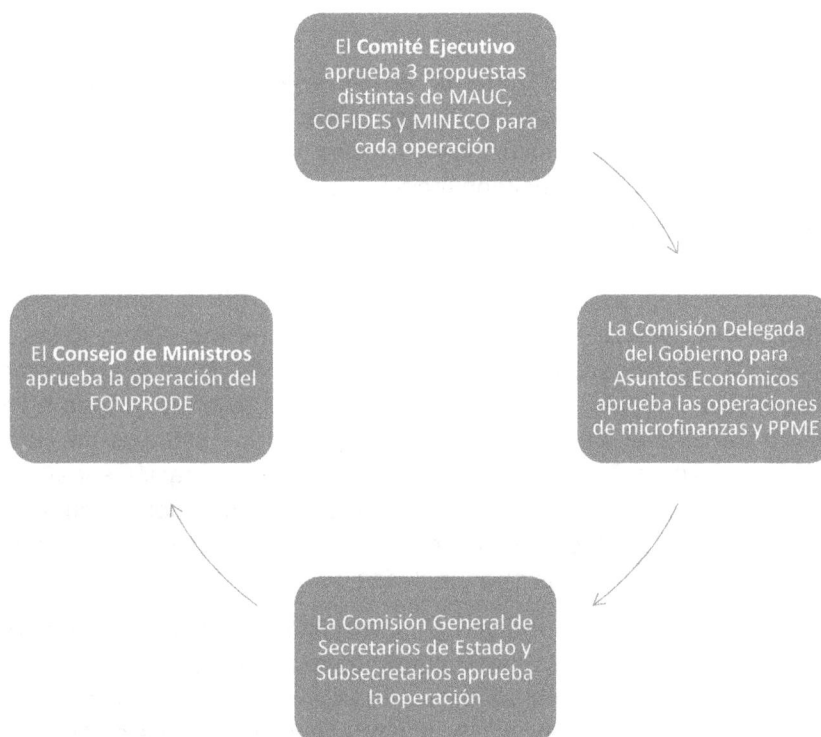

Nota: PPME = país pobre muy endeudado
Fuente: diseño de los autores a partir de las entrevistas realizadas.

El tiempo que se tarda en preparar los préstamos y los escasos niveles de ejecución del FONPRODE ya se señalaron en el anterior examen de pares (OECD, 2016[5]). Este problema sigue existiendo en la actualidad. En 2016 y 2017, el Comité Ejecutivo tan solo aprobó tres operaciones del FONPRODE por un total medio anual de 50 millones de EUR. En 2018, el número se duplicó hasta llegar a seis operaciones no reembolsables por valor total de 126 millones de EUR (AECID, 2021[21]). En el pasado, los compromisos no se han acercado en ningún caso al límite anual autorizado por el Consejo de Ministros de 375 millones de EUR (MAUC, 2021[22]). En mayo de 2021, el Comité Ejecutivo del FONPRODE se reunió por primera vez en ese año para aprobar tres proyectos de inclusión financiera por un valor total de 24,4 millones de EUR y un préstamo de 10 millones de EUR al Gobierno de Níger para presentarlo ante el Consejo de Ministros (MAUC, 2021[23]).

La cooperación financiera de España se beneficiaría con la adaptación de sus sistemas de gobernanza, control interno y gestión de riesgos a las exigencias a las que se someten habitualmente las instituciones financieras. Algunas propuestas de reforma han planteado que la cooperación financiera española podría agruparse bajo un único paraguas institucional en un intento por simplificar los procesos de autorización, reducir la duración de los procedimientos y movilizar con mayor facilidad las oportunidades de financiación de la UE y de los bancos multilaterales de desarrollo (Development Co-operation Council, 2020[7]). España tendrá que conciliar el hecho de que ya cuenta con una institución de financiación para el desarrollo (COFIDES) con su voluntad de que la experiencia de la AECID en materia de desarrollo sostenible sea el eje de su cooperación financiera. En la actualidad la AECID no posee el mandato de una institución financiera, ni cuenta con los recursos humanos ni la experiencia que le permitan aumentar y diversificar sus operaciones financieras. Sea cual sea la arquitectura o la gobernanza de la cooperación financiera de España, en cuanto se apruebe la nueva ley sobre cooperación para el desarrollo sostenible deberán adaptarse oportunamente los estatutos de la AECID.

Recomendación

9. **Establecer una política clara para la cooperación financiera de España, incluidos principios y objetivos que sigan teniendo como eje el desarrollo sostenible.** Se debe optimizar su actual estructura institucional y mejorar la eficiencia de sus operaciones, dotadas de controles y salvaguardas, en consonancia con su nueva política y sus planes de ampliación de la cooperación financiera.

Una mayor cooperación técnica podría ayudar a España a identificar cómo ampliar las operaciones de cooperación financiera. Desde 2013, el Comité Ejecutivo ha rechazado todas las propuestas del FONPRODE de financiar la cooperación técnica por medio de fondos no reembolsables, ya que aumentaría la deuda pública del país. Estas limitaciones presupuestarias obligan a financiar fuera de la cooperación financiera del país la identificación de proyectos o los estudios de viabilidad que podrían contribuir a desarrollar una cartera de proyecto más viable para la cooperación española (AECID, 2021[21]). En parte, para hacer frente a esta dificultad, la AECID ha destinado recientemente a 15 funcionarios de finanzas a las Oficinas Técnicas de Cooperación de todo el mundo para que colaboren con los ministerios de finanzas y ayuden a identificar distintas oportunidades de cooperación financiera.

Aunque la cooperación técnica es un importante complemento de la cooperación financiera de España, que le permite además ser más sostenible, las limitaciones presupuestarias han afectado a esta función. En el pasado, mediante reflujos procedentes de los reembolsos de préstamos y otras inversiones se financiaba un fondo de cooperación técnica que acompañaba a la cooperación financiera en algunos países[30]. En la actualidad esta cooperación técnica únicamente es posible con socios como el BID o la UE. **Encontrar la manera de garantizar que la cooperación técnica —uno de los mayores activos** de la cooperación española— acompañe a la cooperación financiera (ya sea financiada por España o por otros), permitiría que las operaciones fueran más sostenibles e integradas (recomendación 2). Por ejemplo, la evaluación del FONPRODE en El Salvador ofrece una imagen muy positiva del efecto de la cooperación técnica que acompañó al apoyo financiero al instituto de microfinanzas, BANDESAL, y dio lugar a mejores herramientas para la gestión del crédito y del riesgo, la mejora de los controles operativos e internos, y unos servicios mejor adaptados y más ágiles a los clientes (SIC Desarrollo, 2014[24]). España puede aprender de sus aciertos del pasado —así como del éxito de la FCAS en la integración de la cooperación técnica y financiera (véase Movilización de la experiencia del sector público para el desarrollo y el intercambio de conocimiento)— para adoptar un enfoque más integral en el futuro.

La cofinanciación con otros socios constituye una vía para que España refuerce su cooperación financiera

El FONPRODE establece asociaciones para ampliar los instrumentos de que dispone (incluidas las garantías, los préstamos basados en políticas y las inversiones de impacto), o participa en alianzas público-privadas[31]. De este modo, la cooperación financiera también amplía las opciones que tiene España para cultivar asociaciones más estrechas con los gobiernos, la sociedad civil, el sector privado y los bancos multilaterales de desarrollo, así como para fomentar fondos privados adicionales para promover el desarrollo sostenible en un momento en que se necesitan recursos financieros sin precedentes (AECID, 2021[25]). El FONPRODE colabora con los bancos multilaterales de desarrollo, la UE e instituciones bilaterales de financiación para el desarrollo, como la Agence Française de Développement (AFD) y el banco alemán de desarrollo Kreditanstalt für Wiederaufbau (KfW) para aumentar las oportunidades de financiación mixta.

España también puede aprovechar los recursos existentes. Gracias a España, el Fondo Internacional de Desarrollo Agrícola (FIDA) estableció en 2015 un marco de endeudamiento soberano que le permite prestar a su vez fondos obtenidos del FONPRODE. La posibilidad de ofrecer financiación reembolsable (préstamos) al FIDA permitió que España contribuyera a las operaciones del FIDA a pesar de no poder aportar contribuciones no reembolsables (subvenciones) debido a limitaciones presupuestarias. Ahora este marco es utilizado por otros dos estados miembros del FIDA, con lo que ha aumentado la financiación disponible para el desarrollo agrícola.

Las operaciones mixtas combinan la financiación mayoritariamente reembolsable del FONPRODE con instrumentos no reembolsables que pueden ofrecer otros socios. Estos pueden ser garantías, subvenciones a la inversión[32], cooperación técnica o capital riesgo que es posible combinar con la financiación reembolsable del FONPRODE. Por ejemplo, el Mecanismo de Inversión en América Latina (MIAL) es un instrumento de la UE que emplea asistencia técnica y subvenciones para obtener préstamos del FONPRODE. Por poner un ejemplo, un acuerdo de cofinanciación reciente mediante un préstamo del FONPRODE (60 millones de USD) y el Banco Interamericano de Desarrollo (105 millones de USD) para un proyecto de agua y saneamiento en Asunción (Paraguay) incluye 15 millones de EUR en concepto de cooperación técnica del MIAL (administrados por la AECID) para ayudar a mejorar la gestión operativa, comercial y técnica de la empresa de agua y saneamiento y garantizar una mayor sostenibilidad (ICEX, 2020[26]) y (IDB, 2020[27]).

España apuesta por aumentar la cooperación delegada de la UE para incrementar y reforzar sus inversiones bilaterales. Su Plan Director y sus acciones dan prioridad a la coordinación con la UE, y el país es el tercero en volumen de ejecución de la cooperación delegada de la UE (si se incluyen AECID, FIIAPP y COFIDES). Ha hecho grandes esfuerzos por influir en la política de desarrollo de Bruselas, y para poder sacar adelante sus propios programas de cooperación para el desarrollo cuando se enfrenta a recortes drásticos del presupuesto, depende cada vez más de la cofinanciación de la UE como elemento de respaldo. Además de esta dependencia mutua de otras instituciones de financiación para el desarrollo europeas, como la AFD, el resultado es que las metas y los objetivos de la cooperación financiera de

España y de la UE están muy relacionados. En el Recuadro 4 se recoge un ejemplo de cómo se ha formado una asociación española y europea para crear el mayor fondo de impacto social de España.

La estrecha colaboración con otras entidades públicas contribuye a que España influya en los actores del sector privado. Además de los instrumentos de cooperación financiera que constituyen su AOD, las Oficinas Técnicas de Cooperación, conjuntamente con las Cámaras de Comercio españolas, trabajan con el sector privado en diversas iniciativas. TECNiCAFÉ, primer parque tecnológico de Colombia dedicado al café, es un ejemplo. Inicialmente, COFIDES había empleado sus recursos propios en la ampliación de una planta de procesamiento de café de una filial de la empresa cafetera española SUPRACAFÉ. Esta —reconocida en 2017 por el Llamamiento a la Acción Empresarial del PNUD como primera empresa española en desarrollar un negocio inclusivo— fue fundamental para guiar la creación de TECNiCAFÉ (COFIDES, 2021[28]).

Recuadro 4. El Fondo Huruma: inversión público-privada española para la agricultura en pequeña escala

La productividad agrícola y la seguridad alimentaria tienen un efecto claro en la reducción de la pobreza (AECID, 2021[25]). Sin embargo, los modelos tradicionales de selección bancaria suelen dejar a los pequeños agricultores fuera del acceso al crédito, por considerarlos de alto riesgo para las instituciones financieras. Los préstamos formales a los pequeños agricultores y a los agricultores marginados de los países y territorios de asociación únicamente atienden el 3% de la demanda global de financiación de los agricultores (European Commission, 2018[29]).

A fin de responder a este problema, la COFIDES, la AECID, la UE e inversores del sector privado crearon en 2018 el Fondo Huruma, primer fondo de impacto social de España para ayudar a los agricultores rurales de todo el mundo a través de bancos e instituciones de microfinanciación (Finster, 2020[30]). Hasta la fecha se han aprobado tres inversiones de impacto: dos préstamos en Ecuador (4 millones de EUR a INSOTEC y 3 millones de EUR a FACES) y uno en Perú (COOPAC Norandino por valor de 3 millones de EUR).

Las inversiones en ambos países están muy alineadas con las prioridades de cooperación española. En Ecuador, la inversión del Fondo Huruma en INSOTEC proporciona microfinanciación y formación a los pequeños agricultores del oeste del país, mientras que FACES proporciona microfinanciación agrícola —en consonancia con el MAP para 2019-2022— para potenciar la productividad agrícola y los ingresos de los productores de alimentos (MAUC, 2020[31]). En Perú, COOPAC Norandino trabaja con pequeños agricultores del norte que sobre todo se dedican a las cadenas de valor del café, el cacao, el azúcar y el plátano. Está muy alineado con el trabajo de la cooperación española con el Gobierno de Perú y sus socios en materia de irrigación y apoyo a las mujeres productoras.

El Fondo Huruma ilustra la capacidad de España para identificar socios fiables y aprovechar la financiación de que dispone para invertir en la mejora de los medios de vida de las personas marginadas. Este tiene compromisos por un total de 120 millones de EUR para prestar apoyo a 45.000 agricultores de todo el mundo. AECID-FONPRODE proporciona los recursos públicos (20 millones de EUR en financiación reembolsable) y la UE asume la financiación de la primera pérdida (10 millones de EUR) y la cooperación técnica o proyectos de transformación por valor de 9 millones de EUR. De la COFIDES procede 1 millón de EUR en inversiones. Estos recursos públicos fueron clave para atraer fondos de inversores privados por valor de 90 millones de EUR. El Fondo Huruma está gestionado por GAWA Capital, empresa de asesoramiento especializada en microfinanciación con una trayectoria de rendimientos financieros positivos.

Algunas características del fondo son claves para el éxito de esta cooperación público-privada. La primera es el hecho de que la UE asuma la financiación de la primera pérdida, como garantía al Fondo

Huruma de que, si alguno de los proyectos no devuelve el dinero, los primeros impagos (hasta 10 millones de EUR) están cubiertos por entidades públicas. La segunda se refiere a que la cooperación técnica o los proyectos de transformación de la UE van de la mano de la cooperación financiera, a fin de garantizar un impacto a más largo plazo mediante entidades de microfinanciación o cooperativas financieras. Por ejemplo, los proyectos de cooperación técnica trabajan en la mejora de la digitalización, un mayor uso del análisis de datos, el diseño y la aplicación de un sistema de gestión de riesgos agrícolas o la ampliación de la red de agentes rurales. Por último, las inversiones son a tres años, lo cual es un reflejo de los plazos más largos de los préstamos (COFIDES, 2021[32]).

Nota: esta práctica se documenta de forma más pormenorizada en la plataforma Development Co-operation TIPs: Tools Insights Practices, disponible en www.oecd.org/development-cooperation-learning.
Fuentes: AECID (2021[25]), *Plan de acción 2021 de la Agencia Española de Cooperación Internacional para el Desarrollo* www.aecid.es/Centro-Documentacion/Documentos/Divulgaci%C3%B3n/Comunicaci%C3%B3n/2021_05_24_PLANACCI%C3%93NAECID2021.pdf; COFIDES (2021[32]), «El Fondo Huruma culmina su tercera inversión de impacto en COOPAC Norandino» http://www.cofides.es/noticias/notas-de-prensa/fondo-huruma-culmina-tercera-inversion-impacto-coopac-norandino-0; (European Commission, 2018[29]), «Huruma Fund» *[Fondo Huruma]* https://ec.europa.eu/eu-external-investment-plan/projects/huruma-fund_en; Finster (2020[30]), *Microcapital Brief: COFIDES Launches $145m Huruma Fund to Deliver Microfinance to 45k Farmers on 4 Continents [Informe de Microcapital: COFIDES pone en marcha el Fondo Huruma por valor de 145 millones de dólares para ofrecer microfinanciación a 45.000 agricultores en 4 continentes]* www.microcapital.org/microcapital-brief-cofides-launches-145m-huruma-fund-to-deliver-microfinance-to-45k-farmers-on-4-continents; MAUC (2020[31]), *Marco de Asociación País de España-Ecuador 2019-2023* www.cooperacionespanola.es/sites/default/files/map_ecuador_4.pdf.

Adecuación a los contextos de fragilidad

España proporciona un apoyo importante a los contextos de fragilidad, gracias al respaldo de políticas adecuadas a sus características

Según el marco de fragilidad de la OCDE, 13 de los 33 países y territorios de actual Plan Director son frágiles[33]. Los contextos de fragilidad supusieron el 30,5% de la AOD bilateral de España en 2019, lo que supone un aumento significativo con respecto al 6,9% alcanzado en 2016, sobre todo debido a la importante participación en la República Bolivariana de Venezuela (en adelante, Venezuela) y Colombia. Generalmente, es a la cooperación para el desarrollo, y no la acción humanitaria, a quien puede atribuirse el grueso de este crecimiento. Esto concuerda con el principio expresado en la Recomendación del CAD sobre el nexo acción humanitaria-desarrollo-paz [OECD/LEGAL/5019]: siempre a la prevención, el desarrollo cuando sea posible, y la acción humanitaria cuando sea necesario. La cooperación para el desarrollo de España se está ampliando en África, sobre todo en contextos como Sudán o Libia, que atraviesan una crisis o una transición, lo que requiere una sensibilidad específica a la fragilidad.

En contextos de fragilidad, España considera que la cooperación para el desarrollo es una forma de crear entornos propicios para la paz sostenible y para facilitar la resolución de conflictos. Ya en 2007, España estableció una Estrategia de Construcción de la Paz para su cooperación para el desarrollo (MAUC, 2007[33]), una década antes de que se formalizase el «enfoque del nexo». Esto refleja la atención temprana que prestó España a la coherencia y la complementariedad en los contextos de fragilidad. En 2021, España diseñó una estrategia específica para trabajar en contextos de fragilidad, basándose en las diferentes dimensiones de la fragilidad en consonancia con el marco de fragilidad de la OCDE (OECD, 2021[34]).

El V Plan Director de España está estructurado en torno a los ODS, en especial el ODS 16 relativo a la paz, justicia e instituciones sólidas (MAUC, 2018[35]). Como consecuencia, España invierte en sectores que contribuyen a la paz en contextos de fragilidad, como en Colombia, donde la consecución de la paz y la lucha contra las desigualdades constituyen pilares fundamentales del apoyo de España a la implementación del acuerdo de paz (Recuadro 5). Con acciones concretas para la resolución pacífica de conflictos a nivel nacional y local, España se esfuerza por normalizar la dinámica social, política y económica en contextos afectados por la violencia.

La estrategia humanitaria de España refleja nuevas ambiciones (AECID, 2019[36]). Centrada en los derechos y la protección de las personas más vulnerables, España pretende que su acción humanitaria sea coherente con los demás instrumentos para situaciones de crisis de que dispone. La acción humanitaria está integrada en el V Plan Director y guarda una estrecha relación con el marco humanitario de la UE. El aumento del presupuesto humanitario del 5,8% (OECD, 2021[37]) para alcanzar su objetivo del 10% de la AOD (AECID, 2019[36]) le permitirá aplicar su estrategia de forma creíble y reforzar su posición en la diplomacia humanitaria.

El desarrollo y la paz están estrechamente vinculados

La AOD de España relacionada con la paz[34] pasó de 7 millones de USD en 2016 a 10,5 millones en 2019, lo que supone un aumento del 50% (OECD, 2021[37]). España se concentra en sectores difíciles como los derechos humanos, la justicia y la gobernanza a través de la cooperación técnica y el fomento de la capacidad, con la participación de las correspondientes administraciones españolas. Cuando se materializan las crisis, el país no detiene su cooperación para el desarrollo, sino que se esfuerza por volver a centrarse en los niveles administrativos intermedios que continúan funcionando con independencia de la dinámica de la política de alto nivel, además del apoyo de la sociedad civil. Esta constituye una buena práctica.

La mediación en los conflictos es una de las fortalezas históricas de España en la consolidación de la paz. España es uno de los miembros fundadores del Grupo de Amigos de la Mediación en las Naciones Unidas (MAUC, 2017[38]) y pone en marcha su diplomacia en apoyo a los procesos de paz. El papel de España en la negociación de procesos de paz, como el de Filipinas y el de Colombia, ha sido fundamental, y apoya su aplicación, por ejemplo, enviando observadores a la Misión de Verificación de la ONU en Colombia (Ministry of Defence, 2021[39]; MAUC, 2021[22]).

La cooperación cultural para la paz es otro de los objetivos destacados del compromiso general de España en contextos de crisis. Mientras que otros miembros del CAD, como Italia, se centran en la protección del patrimonio cultural durante los conflictos armados (OECD, 2019[40]), España lo hace en promover el respeto por la diversidad cultural como prioridad transversal que contribuya a la resolución pacífica de los conflictos (Recuadro 5). Ya en 2005, España aprobó una ley para promover la cultura de paz a través de la educación, a fin de fomentar «los valores, comportamientos, actitudes, prácticas, sentimientos, creencias, que acaban conformando la paz» (Government of Spain, 2005[41]).

La presencia de España a nivel local constituye un activo fundamental para la coherencia y la complementariedad en contextos de fragilidad

El liderazgo de las embajadas puede ser clave para relacionar los componentes de desarrollo y paz. Dado que los embajadores son los responsables políticos de la cooperación para el desarrollo de España, la embajada desempeña un papel importante en la alineación de los objetivos y la ejecución de las iniciativas en materia de desarrollo y paz.

El compromiso político de España a largo plazo en los procesos de paz es valorado por sus socios (Government of Philippines, 2017[42]). Las alianzas duraderas contribuyen a generar confianza entre los socios y refuerzan el diálogo político cuando se producen las crisis. Por ejemplo, en Colombia, España trabaja para incorporar en el diálogo político los derechos de las personas en las zonas afectadas por la violencia tras el conflicto, la inmigración desde Venezuela y la amenaza de catástrofes naturales.

La integración de las actividades de España en el marco de la UE mejora la coherencia global en los contextos más complicados (Government of Spain, 2021[43]). Por ejemplo, la AECID respalda el proyecto «Tahdir Masar»[35] en el marco del Instrumento para la Paz y la Estabilidad de la UE (IcSP). Este se centra en la sociedad civil siria en el ámbito de medios de comunicación, empoderamiento de la mujer y juventud, y ejemplifica cómo el apoyo a largo plazo a la sociedad civil puede contribuir a crear un entorno político y social propicio para la recuperación (AECID, 2018[44]).

Las herramientas humanitarias de España tienen un mayor potencial de gestión de crisis y desarrollo

Ciertos instrumentos clave y nuevas herramientas de España se califican como humanitarios, aunque su objetivo es abordar cuestiones relacionadas con la gestión de crisis. Posiblemente debido a que el departamento humanitario de la AECID se encarga de gestionar la mayor parte del trabajo conceptual de España en materia de crisis y fragilidad con unos recursos humanos limitados, los instrumentos de crisis se han creado con una óptica humanitaria que puede limitar su alcance. Por ejemplo, aprovechando su fortaleza diplomática, España está diseñando una política de diplomacia humanitaria que va más allá de la acción humanitaria. Esta política pretende enmarcar los esfuerzos de defensa de España en los foros internacionales, y abordará muchos aspectos de la gestión de crisis, como la diplomacia preventiva, la proliferación de armas, la lucha contra el terrorismo y la lucha contra la impunidad, además de una diplomacia humanitaria y una defensa de la protección más clásicas (ICRC, 2021[45]). Con el objeto de evitar malentendidos por parte de sus socios sobre el alcance de su mandato humanitario, y a fin de reforzar su papel diplomático, España podría asegurarse de que su labor diplomática se refiera también a la gestión de crisis o a la diplomacia para la paz y no solo a la diplomacia humanitaria.

El Fondo Humanitario de Recuperación Temprana de la AECID, creado en **2021 debería facilitar de forma más clara la transición a la ayuda al desarrollo.** Este pretende combinar la acción humanitaria con las iniciativas de recuperación en los 18 meses posteriores a una emergencia (AECID, 2021[46]). Como reconoce España, las necesidades tras una crisis suelen prolongarse durante años tras su conclusión, por lo que la línea que separa la atención de las necesidades humanitarias y el apoyo a la recuperación y el desarrollo es imprecisa. Con el objetivo de respaldar la recuperación temprana mediante el apoyo estructural a las soluciones diseñadas localmente, España debería asegurarse de que este fondo no se limita a la prestación de servicios a través de modalidades humanitarias, y que sus actuaciones están vinculadas con las estrategias de desarrollo a medio plazo existentes. Como han demostrado los miembros del CAD (BMZ, 2020[47]), los fondos y programas de ayuda al desarrollo de transición pueden suponer un gran apoyo a la paz y la recuperación cuando se diseñan como instrumentos de desarrollo tempranos y no como acción humanitaria ampliada.

Las ONG son un excelente activo para la acción humanitaria de España. Hasta el 86% de la AOD bilateral del país en contextos de fragilidad se canaliza a través de la sociedad civil, lo que incluye las ONG humanitarias. Sin embargo, la estrategia humanitaria reconoce que tanto el marco normativo como las modalidades contractuales que condicionan la asociación siguen siendo rígidas y restrictivas, y requieren adaptación. Por ejemplo, la mayor parte de la asignación humanitaria de España a las ONG se determina mediante convocatorias de ayudas —una modalidad de selección larga e imprevisible que no se ajusta bien a la flexibilidad que suelen requerir estos contextos operativos—. Como sucede con muchos otros miembros del CAD, las asociaciones marco que se extienden a todas las respuestas humanitarias, y no solo a las de emergencia, suelen dar lugar a asociaciones más sólidas tanto para los socios de la sociedad civil como para las administraciones.

Recuadro 5. Apoyo de España al proceso de paz en Colombia

España, que es país socio de Colombia desde hace muchos años, ha continuado colaborando con este país durante las décadas de conflicto entre el Gobierno y varios grupos armados debido a reivindicaciones políticas, sociales y económicas, en particular sobre el uso y la distribución de la tierra. Aunque el acuerdo de paz firmado en 2016 entre el Gobierno de Colombia y el principal de estos grupos, las Fuerzas Armadas Revolucionarias de Colombia (FARC), puso fin a la guerra, muchos otros grupos continúan activos y la desmovilización de los excombatientes sigue siendo un tema complejo de abordar. La violencia política persistente, las grandes desigualdades sociales y económicas, la falta de servicios básicos en las zonas rurales y remotas del país y la distribución desigual de la tierra, el poder y la riqueza siguen siendo los principales motivos de preocupación y los factores que contribuyen a la fragilidad.

El enfoque de España con respecto a la paz y la estabilidad en Colombia se fundamenta en la asociación y el apoyo a distintos niveles de la sociedad. España apoyó las negociaciones de paz durante todo el conflicto y fue un miembro destacado del Grupo de Amigos de la Mediación de las Naciones Unidas entre el Gobierno de Colombia y las FARC (Whitfield, 2005[48]). El acuerdo de paz resultante se compone de un complejo conjunto formado por seis acuerdos interrelacionados sobre la reforma rural, la participación política, el alto el fuego y el desarme, las drogas ilícitas, las víctimas y los mecanismos de implementación, los cuales deben aplicarse conjuntamente mediante el Sistema Integral de Verdad, Justicia, Reparación y No Repetición (National Government of Colombia and FARC EP, 2016[49]). El acuerdo establece diferentes mecanismos e instituciones judiciales y no judiciales, con el apoyo de España. La Jurisdicción Especial para la Paz, un mecanismo transicional de justicia y la Comisión de la Verdad reciben apoyo político, técnico y financiero de España para garantizar el despliegue territorial de las acciones, además de la visibilidad del trabajo de la Comisión. La Agencia de Reincorporación Nacional coordina la reintegración social y económica de las personas desmovilizadas de los grupos armados ilegales organizados. La AECID proporciona apoyo técnico al diseño de los distintos proyectos y apoyo financiero para la compra de activos productivos, por ejemplo, en el sector del café.

Además de las instituciones de paz, la AECID se apoya en su política de cultura de paz para respaldar el Programa Nacional de Escuelas Taller del Ministerio de Cultura de Colombia. Como parte de este esfuerzo, España ha apoyado el desarrollo y la implementación de una Caja de Herramientas para la implementación de un enfoque de Cultura de Paz (Programa Nacional de Escuelas Taller, 2016[11]), que incluye diversas actividades en las zonas más afectadas por la violencia, así como varios programas de formación profesional, especialmente para excombatientes. El trabajo con la sociedad civil, incluidos los defensores de los derechos humanos y las poblaciones indígenas y afrodescendientes, sigue siendo un eje fundamental de la cooperación española, y refuerza el cumplimiento de los derechos. España también presta apoyo a la Consejería Presidencial para la Equidad de la Mujer en la promoción de la territorialización de las políticas públicas de equidad y derechos. Por último, España respalda la Misión de Verificación de la ONU en Colombia (UNVMC) enviando a ocho miembros de su personal a esta misión para controlar y verificar el desarme, y ayudar a supervisar el cese de las hostilidades.

El enfoque integral de España en Colombia pone de manifiesto la importancia de un programa sensible al conflicto que apoye a las instituciones esenciales sobre temas como la justicia y el Estado de Derecho, la recuperación económica y basada en los derechos, y que al mismo tiempo proporcione acción humanitaria cuando y donde sea necesario. Este enfoque refleja la intención de la Recomendación del CAD sobre el nexo acción humanitaria-desarrollo-paz (OECD, 2019[50]), y podría reproducirse en contextos de recuperación similares.

Fuentes: Universidad de Edimburgo (2016[49]), *Acuerdo final para la terminación del conflicto y la construcción de una paz estable y duradera* https://www.jep.gov.co/Marco%20Normativo/Normativa_v2/01%20ACUERDOS/N01.pdf; Whitfield (2005[48]) *A Crowded Field: Groups of Friends, the United Nations and the Resolution of Conflict* [Un campo atestado: los grupos de amigos, las Naciones Unidas y la resolución de conflictos], https://peacemaker.un.org/sites/peacemaker.un.org/files/ACrowdedField_WhitefieldCIC2005.pdf.

Recomendación

10. **Garantizar que las herramientas de diplomacia humanitaria y el nuevo Fondo Humanitario de Recuperación Temprana aborden la gestión de crisis** y no solo la acción humanitaria, con el fin de mejorar su eficacia y adecuarse a las aspiraciones renovadas de España.

Referencias

AECID (2021), *Informe de actividad FONPRODE 2018 (FONPRODE 2018 Activity Report)*, Spanish Agency for International Development Co-operation, Madrid, https://www.aecid.es/Centro-Documentacion/Documentos/Publicaciones%20AECID/Informe%20FONPRODE%202018.pdf. [21]

AECID (2021), *La AECID contribuirá a la integración de los migrantes y refugiados venezonalos en Colombia a través de su cooperación financiera [AECID contributes to the integration of Venezuelan migrants and refugees in Colombia through its financial co-operation]*, Spanish Agency for International Development Co-operation, Madrid, https://www.aecid.es/ES/Paginas/Sala%20de%20Prensa/Noticias/2021/2021_07/08_barranquilla.aspx. [13]

AECID (2021), *Plan de acción 2021 de la Agencia española de cooperación internacional para el desarollo (2021 Action Plan of the Spanish Agency for International Development Co-operation)*, Spanish Agency for International Development Co-operation, Madrid, https://www.aecid.es/Centro-Documentacion/Documentos/Divulgaci%C3%B3n/Comunicaci%C3%B3n/2021_05_24_PLAN ACCI%C3%93NAECID2021.pdf. [25]

AECID (2021), *Un nuevo Fondo Humanitario español para la recuperación de las poblaciones vulnerables tras las emergencias (A new Spanish Humanitarian Fund for the recovery of vulnerable populations after emergencies)*, Spanish Agency for International Development Co-operation, Madrid, http://Un nuevo Fondo Humanitario español para la recuperación de las poblaciones vulnerables tras las emergencias. [46]

AECID (2019), *Spanish Cooperation's Humanitarian Action Strategy 2019-2026*, Spanish Agency for International Development Co-operation, Madrid, https://www.aecid.es/Centro-Documentacion/Documentos/201905%20Estrategia%20ingl%C3%A9s.pdf. [36]

AECID (2018), *Concluye tras dos años de formaciones el Proyecto Tadhir Masar para el fortalecimiento de la sociedad civil siria (After two years of training, the Tadhir Masar Project for the strengthening of Syrian civil society concludes)*, Spanish Agency for International Development Co-operation, Madrid, https://www.aecid.es/ES/Paginas/Sala%20de%20Prensa/Noticias/2018/2018_04/10_tahdir.aspx. [44]

AECID (2016), *INTERCOONECTA - The Spanish Cooperation Plan for Knowledge Transfer, Exchange and Management in Latin America and the Caribbean*, Spanish Agency for International Development Co-operation, Madrid, http://dx.doi.org/502-17-095-1. [17]

Agencia Estatal Boletín Oficial del Estado (2020), *Cuentas anuales del Fondo para la Promoción del Desarollo del ejercicio 2019 (Annual accounts of the Fund for the Promotion of Development for the year 2019)*, https://www.boe.es/boe/dias/2020/12/18/pdfs/BOE-A-2020-16474.pdf. [51]

Agencia Estatal Boletín Oficial del Estado (1998), *Ley 23/1998, de 7 de julio, de Cooperación Internacional para el Desarrollo [Law 23/1998 of 7 of July on International Co-operatation for Development]*, https://www.boe.es/eli/es/l/1998/07/07/23/con. [2]

BMZ (2020), *Transitional Development Assistance: Overcoming crises, strengthening resilience, creating new prospects*, BMZ, Berlin, https://www.bmz.de/en/development-policy/transitional-development-assistance (accessed on 15 November 2021). [47]

COFIDES (2021), *Supracafé*, https://www.cofides.es/que-hacemos/casos-cofides/supracafe (accessed on 15 September 2021). [28]

COFIDES (2021), *The Huruma Fund marks its third impact investment with COOPAC Norandino*, https://www.cofides.es/en/noticias/notas-de-prensa/huruma-fund-marks-its-third-impact-investment-coopac-norandino (accessed on 15 September 2021). [32]

Development Co-operation Council (2020), *Un Nuevo Sistema de Cooperación al Desarrollo Para Hacer Realidad la Agenda 2030: Propuestas de Reforma (A New Development Cooperation System to Make the 2030 Agenda a Reality: Reform Proposals)*, Development Co-operation Council, Madrid, http://www.consejocooperacion.es/wp-content/uploads/2020/10/NUEVO_STMA_COOP_PARA_AG_2030-Pptas_MejoraInforme_GT_Capacidades_Cons_Coop-marzo_2020.pdf. [7]

Di Ciommo, M. and K. Sergejeff (2021), *Getting Up to Speed: The EU and the Development in Transition Agenda*, ECDPM, Brussels, https://ecdpm.org/wp-content/uploads/Getting-Up-To-Speed-EU-Development-In-Transition-Agenda-ECDPM-Discussion-Paper-302-2021.pdf. [18]

European Commission (2021), *Eurobarometer: EU Citizens and International Partnerships, April 2021*, European Union, https://europa.eu/eurobarometer/surveys/detail/2267. [3]

European Commission (2018), *Huruma Fund*, European Commission, Brussels, https://ec.europa.eu/eu-external-investment-plan/projects/huruma-fund_en. [29]

Finster, K. (2020), "Microcapital Brief: COFIDES launches $145m Huruma Fund to deliver microfinance to 45k farmers on 4 continents", *MicroCapital, 4 December 2020*, https://www.microcapital.org/microcapital-brief-cofides-launches-145m-huruma-fund-to-deliver-microfinance-to-45k-farmers-on-4-continents/ (accessed on 13 August 2021). [30]

Government of Philippines (2017), *Philippine Government expresses gratitude on Spanish Government's continuing support in the peace process*, https://peace.gov.ph/2017/04/philippine-government-expresses-gratitude-spanish-governments-continuing-support-peace-process/. [42]

Government of Spain (2021), *Foreign Policy*, Government of Spain, Madrid, https://www.lamoncloa.gob.es/lang/en/espana/stpv/spaintoday2015/foreignpolicy/Paginas/index.aspx. [43]

Government of Spain (2005), *Ley 27/2005, de 30 de noviembre, de fomento de la educación y la cultura de la paz (Law 27/2005, of November 30, on the promotion of education and the culture of peace)*, Government of Spain, Madrid, https://www.boe.es/buscar/doc.php?id=BOE-A-2005-19785. [41]

ICEX (2020), *Fonprode le otorga un crédito a Paraguay para un proyecto de agua y saneamiento (Fonprode grants a loan to Paraguay for a water and sanitation project)*, https://www.icex.es/icex/es/navegacion-principal/todos-nuestros-servicios/informacion-de-mercados/paises/navegacion-principal/noticias/fondprode-credito-paraguay-aguas-saneamiento-new2020863292.html?idPais=PY (accessed on 30 July 2021). [26]

ICRC (2021), *Humanitarian diplomacy, webpage*, International Committee of the Red Cross, Geneva, https://www.icrc.org/en/what-we-do/humanitarian-diplomacy-and-communication. [45]

IDB (2021), "IDB to approve $1.25 billion in operations for Colombia in 2021", *News Releases 19 March 2021*, https://www.iadb.org/en/news/idb-approve-125-billion-operations-colombia-2021. [12]

IDB (2020), *Water and Sanitation Program for the Metropolitan Area of Asunción - Lambaré Watershed (PR-L1172)*, https://www.iadb.org/en/project/PR-L1172 (accessed on 4 October 2021). [27]

Illan, C. and E. Schneider (2019), *Study on the EU and its Member States Mobilising Public Sector Expertise for Development - Final Report*, DAI, Brussels, http://dx.doi.org/DEVCOM/2019/412-138. [19]

Kalidadea (2015), *Evaluación intermedia del proyecto: Unidad de gestión del Programa Nacional Escuelas Taller de Colombia - herramientas de paz en Colombia [Mid-term evaluation of project: managemnet unit of national workshop schools of Colombia - tools for peace]*, Kalidadea, https://www.cooperacionespanola.es/sites/default/files/evaluacion_intermedia_escuela_taller_colombia.pdf. [14]

LPIC (2019), *Evaluación Externa del Marco de Asociación País Hispano Colombiano Período: 2015 - 2019*, http://dx.doi.org/(unpublished). [15]

MAUC (2021), *Marco de Asociación País Colombia - España 2020-2024 [Colombia-Spain Country Partnership Framework 2020-2024]*, Ministry of Foreign Affairs, European Union and Co-operation, Madrid, https://www.aecid.org.co/recursos_user//documentos/2021%20docs/Marco%20de%20asociacion%20pais%20Colombia%20Espana%202020%202024.pdf. [10]

MAUC (2021), *Peer Review 2021: self-assessment Spain: document submitted to the OECD DAC*, Ministry of Foreign Affairs, European Union and Co-operation, Madrid. [22]

MAUC (2021), "Spain steps up its presence in Sahel through financial development cooperation strategy", *Press Release 115, 27 May 2021*, http://www.exteriores.gob.es/Portal/en/SalaDePrensa/NotasdePrensa/Paginas/2021_NOTAS_P/20210527_NOTA115.aspx (accessed on 28 July 2021). [23]

MAUC (2020), *Estrategia de Respuesta Conjunta de la Cooperación Española a la Crisis del COVID-19: Afrontando la Crisis para una Recuperación Transformadora [Joint Response Strategy of the Spanish Cooperation to the COVID-19 Crisis]*, Ministry of Foreign Affairs, European Union and Co-operation, Madrid, https://www.cooperacionespanola.es/sites/default/files/estrategia_de_respuesta_conjunta_de_la_cooperacion_espanola_covid19.pdf. [6]

MAUC (2020), *Informe Ayuda Oficial al Desarrollo, Presupuestos Generales del Estado 2021 (Official Development Assistance Report, 2021 State Budget)*, Ministry of Foreign Affairs, European Union and Co-operation, Madrid, https://www.congreso.es/docu/pge2021/121-35-3_Ayuda_Oficial_al_Desarrollo_de_la_AGE.pdf. [8]

MAUC (2020), *Marco de Asociación País de España-Ecuador 2019-2023 (Spain-Ecuador Country Association Framework 2019-2023)*, Ministry of Foreign Affairs, European Union and Co-operation, Madrid, https://www.cooperacionespanola.es/sites/default/files/map_ecuador_4.pdf. [31]

MAUC (2019), *Plan de Accion para la Implementacion de la Agenda 2030 (Action Plan for the Implementation of the 2030 Agenda)*, Ministry of Foreign Affairs, European Union and Co-operation, Madrid, https://www.cooperacionespanola.es/sites/default/files/plan_de_accion_para_la_implementacion_de_la_agenda_2030.pdf. [4]

MAUC (2018), *V Plan Director de la Cooperación Española 2018/2021 (Vth Spanish Co-operation Master Plan 2018/2021)*, Ministry of Foreign Affairs, European Union and Co-operation, Madrid, http://www.exteriores.gob.es/Portal/es/PoliticaExteriorCooperacion/CooperacionAlDesarrollo/Documents/V%20Plan%20Director%20de%20la%20Cooperaci%C3%B3n%20Espa%C3%B1ola.pdf. [35]

MAUC (2017), *Evaluacion Intermedia del Fondo de Cooperacion para Agua y Saneamiento [Mid-term Evaluation of the Water and Sanitation Co-operation Fund]*, Ministry of Foreign Affairs, European Union and Co-operation, Madrid, https://www.cooperacionespanola.es/sites/default/files/06_resumen_ejecutivo_online_es.pdf. [20]

MAUC (2017), *Preventive diplomacy: Spanish priorities*, Ministry of Foreign Affairs, European Union and Co-operation, Madrid, http://www.exteriores.gob.es/Portal/en/PoliticaExteriorCooperacion/NacionesUnidas/Paginas/SolucionPacificaDeControversias.aspx. [38]

MAUC (2007), *Estrategia de Construccion de la Paz de la Cooperacion Espanola para el Desarollo (Peacebuilding Strategy of the Spanish Cooperation for Development)*, Ministry of Foreign Affairs, European Union and Co-operation, Madrid, https://www.cooperacionespanola.es/sites/default/files/construccion_de_la_paz.pdf. [33]

Ministry of Defence (2021), *United Nations Verification Mission in Colombia*, Ministry of Defence, Madrid, https://emad.defensa.gob.es/en/operaciones/operaciones-en-el-exterior/20-ONU-Colombia/index.html?__locale=en (accessed on 7 September 2021). [39]

National Government of Colombia and FARC EP (2016), *Final Agreement to End the Armed Conflict and Build a Stable and Lasting Peace*, https://www.peaceagreements.org/viewmasterdocument/1845. [49]

OECD (2021), *Creditor Reporting System*, https://stats.oecd.org/index.aspx?DataSetCode=CRS1. [37]

OECD (2021), *OECD Economic Surveys: Spain 2021*, OECD Publishing, Paris, https://doi.org/10.1787/79e92d88-en. [1]

OECD (2021), *OECD States of Fragility*, https://www3.compareyourcountry.org/states-of-fragility/overview/0/ (accessed on 7 October 2021). [34]

OECD (2019), *DAC Recommendation on the Humanitarian Development Peace nexus*, OECD, Paris, https://legalinstruments.oecd.org/public/doc/643/643.en.pdf. [50]

OECD (2019), *OECD Development Co-operation Peer Reviews: Italy 2019*, OECD Publishing, https://doi.org/10.1787/b1874a7a-en. [40]

OECD (2016), *OECD Development Co-operation Peer Reviews: Spain 2016*, OECD Development Co-operation Peer Reviews, OECD Publishing, https://dx.doi.org/10.1787/9789264251175-en. [5]

OECD/UNDP (2019), *Making Development Co-operation More Effective: 2019 Progress Report*, OECD Publishing, https://dx.doi.org/10.1787/26f2638f-en. [16]

Programa Nacional de Escuelas Taller (2016), *Caja de Herramientas - Cultura de Paz [Toolkit to promote a culture of peace]*, Programa Nacional de Escuelas Taller, https://www.aecid.org.co/recursos_user//Final%20-%20Caja%20de%20herramientas.pdf (accessed on 11 August 2021). [11]

SIC Desarollo (2014), *Consultoría "Análisis de desempeño del programa español de mirofinanzas del fondo para la promoción al desarrollo (FONPRODE)": El Salvador (Consultancy: "Performance analysis of FONPRODE: El Salvador)*, SIC Desarollo, https://www.aecid.es/Centro-Documentacion/Documentos/documentos%20adjuntos/Informe%20Final%20An%C3%A1lisis%20de%20Desempe%C3%B1o%20Programa%20MF%20del%20FONPRODE.pdf. [24]

United Nations (2019), *UN Funding Compact*, General Assembly, Economic and Social Councilof the United Nations, New York, https://www.un.org/ecosoc/sites/www.un.org.ecosoc/files/files/en/qcpr/SGR2019-Add%201%20-%20Funding%20Compact%20-%2018%20April%202019.pdf. [9]

Whitfield, T. (2005), "A crowded field: groups of friends, the United Nations and the resolution of conflict", *Occasional Paper, Center on International Cooperation*, https://peacemaker.un.org/sites/peacemaker.un.org/files/ACrowdedField_WhitefieldCIC2005.pdf. [48]

Notas

[1] Los planes directores presentan la estrategia española de cooperación para el desarrollo para un período de cuatro años. Se elaboran bajo el mandato del Ministerio de Asuntos Exteriores, Unión Europea y Cooperación (MAUC) y se aplican a todo el Gobierno.

[2] Estos son el Ministerio de Asuntos Exteriores, Unión Europea y Cooperación, el Ministerio de Hacienda y Función Pública, el Ministerio de Asuntos Económicos y Transformación Digital, y el Ministerio de Inclusión, Seguridad Social y Migraciones.

[3] La Agencia Española de Cooperación Internacional para el Desarrollo (AECID), la Fundación Internacional y para Iberoamérica de Administración y Políticas Públicas (FIIAPP) y la Fundación Carolina. Para obtener más información sobre estas tres instituciones, consúltese el panorama relativo a España www.oecd.org/officialdocuments/publicdisplaydocumentpdf/?cote=DCD/DAC/AR(2021)4/6/FINAL&docLanguage=Es.

[4] Además de los marcos de coordinación con socios como la Conferencia de Rectores de las Universidades Españolas (CRUE) y la Federación Española de Municipios y Provincias (FEMP), son tres los órganos que estructuran la consulta y la coordinación: el Consejo de Cooperación al Desarrollo, responsable de la consulta a múltiples partes interesadas; la Comisión Interministerial de Cooperación Internacional, encargada de la coordinación con la Administración General del Estado; y la Comisión Interterritorial de Cooperación para el Desarrollo, encargada de la coordinación de las administraciones públicas, incluidas las comunidades autónomas y las entidades locales. Se está elaborando un marco estratégico que sirva de guía a las relaciones con las organizaciones no gubernamentales.

[5] La FIIAPP es una fundación pública dirigida por su Patronato, compuesto por ministros del Gobierno, secretarios de estado y altos funcionarios de la Administración General del Estado, y que preside el vicepresidente/a primero/a del Gobierno de España. El/la Secretario/a de Estado de Cooperación Internacional de España preside la Comisión Permanente del Patronato. La Fundación Carolina está financiada y gestionada por entidades públicas y privadas. El/la Secretario/a de Estado de Cooperación Internacional de España preside la Junta Rectora del Patronato de la Fundación.

[6] Los Marcos de Asociación País (MAP) son instrumentos bilaterales plurianuales que establecen la asociación entre España y un país o territorio de asociación para contribuir al desarrollo sostenible.

[7] Para más información consúltese el panorama: www.oecd.org/officialdocuments/publicdisplaydocumentpdf/?cote=DCD/DAC/AR(2021)4/6/FINAL&docLanguage=Es.

[8] La SECI tiene una plantilla de 16 trabajadores, mientras que la DGPOLDES, dirección bajo la supervisión de la SECI, cuenta con 35 trabajadores.

[9] La financiación, cuyo carácter es sobre todo anual, tarda como mínimo 20 semanas en ser aprobada, incluso en el caso de la acción humanitaria.

[10] Desde 2016 se han hecho importantes avances en la utilización de sistemas de los socios en la ejecución del presupuesto, la información financiera, la auditoría y adquisición de bienes y servicios, con un aumento del 35% al 57% entre 2016 y 2018 (algo por encima del promedio del CAD del 55%) (OECD/UNDP, 2019[16]). Sin embargo, se requieren esfuerzos adicionales en el uso de los sistemas de información financiera, que, con un porcentaje del 37%, siguen notablemente por debajo del promedio del CAD (56%).

[11] El Comité está formado por cuatro de los órganos de cooperación española: SECI/DGPOLDES, AECID, Fundación Carolina y FIIAPP.

[12] España prevé presentar los resultados de este ejercicio a finales de 2021.

[13] Los MAP incluyen secciones sobre (1) el contexto y las estrategias nacionales de un país concreto; (2) el papel de la cooperación española e internacional en la contribución a la Agenda 2030 y a las prioridades nacionales; (3) las alianzas, redes, modalidades, instrumentos, recursos y riesgos presentes en el país; (4) cuestiones transversales; y (5) seguimiento, evaluación y rendición de cuentas y responsabilidad mutua. En el documento público también se incluyen anexos sobre matrices de resultados, recursos, redes y riesgos.

[14] Por lo general los MAP no incluyen actividades ejecutadas por las instituciones españolas en nombre de la Unión Europea (cooperación delegada de la UE), salvo que dichas actividades estén cofinanciadas por España.

[15] El sistema emplea el sistema de intercambio de documentos del Centro de Recursos de Información y Comunicación para las Administraciones, Empresas y Ciudadanos (CIRCABC) para intercambiar documentos y observaciones entre la Oficina Técnica de Cooperación y varias partes interesadas de España.

[16] En 2002 se estableció en Cataluña una organización denominada «Taula Catalana por la Paz y los Derechos Humanos en Colombia». Aquí puede encontrarse más información sobre esta red: www.taulacolombia.org/es/.

[17] El proceso completo de elaboración de un MAP —desde su diseño hasta su aprobación final y firma— puede llevar entre 3 y 24 meses, en función del contexto.

[18] Son dos las soluciones que pueden ayudar a garantizar cierta previsibilidad y la continuidad de los proyectos dentro de los límites de la normativa y la reglamentación vigentes: (1) desembolsar la totalidad del importe correspondiente a la duración del proyecto en un solo tramo en una cuenta supervisada y controlada por la Oficina Técnica de Cooperación, que posteriormente gestiona su desembolso cada año; o (2) cuando se aprueba el proyecto se determina el importe que se desembolsará anualmente, para que el proceso presupuestario anual pueda priorizarlo cada año.

[19] Su presupuesto inicial era de 14 millones de EUR para el período 2017-2021.

[20] El centro de formación ubicado en el Estado Plurinacional de Bolivia (en lo sucesivo, Bolivia) se centra en agua y saneamiento, cohesión social y pueblos indígenas; en Colombia, en afrodescendientes, gobernanza democrática e igualdad de género; en Guatemala, en agricultura resiliente y medio ambiente, así como en migración y asilo; en Uruguay, en finanzas públicas, cooperación científica y políticas públicas de investigación, desarrollo e innovación.

[21] Entre los programas horizontales se incluye el Programa de Medio Ambiente y Cambio Climático en América Latina y el Caribe (ARAUCLIMA), el Fondo de Cooperación para los Pueblos Afrodescendientes, el Fondo de Pueblos Indígenas, el programa Escuelas Taller y el COO-TEC.

[22] El programa INTERCOONECTA identificó ocho redes temáticas.

[23] España ha firmado memorandos de entendimiento sobre cooperación triangular con 7 países de América Latina y en 2018 había 11 actividades en curso en la región. Los acuerdos de nueva generación firmados con Argentina, Brasil, Chile y Uruguay destacan en mayor medida el papel de la cooperación triangular.

[24] El V Plan Director establece las prioridades de la cooperación financiera de España: microfinanciación, bancarización de remesas, pequeñas y medianas empresas, economía social, capital riesgo, creación de infraestructuras y APP.

[25] La financiación con cargo al presupuesto propio del COFIDES no se considera AOD.

[26] La figura 1 del panorama sobre cooperación para el desarrollo de España www.oecd.org/officialdocuments/publicdisplaydocumentpdf/?cote=DCD/DAC/AR(2021)4/6/FINAL&docLanguage=Es muestra la cartera del FONPRODE a finales de 2018 (AECID, 2021[21]).

[27] En 2015 COFIDES fue autorizada para la gestión delegada del presupuesto de cooperación para el desarrollo de la UE.

[28] El ICO es un banco de titularidad pública ligado al Ministerio de Asuntos Económicos y Transformación Digital (MINECO).

[29] El Consejo de Ministros debe aprobar tres tipos de asignaciones a nivel de país: (1) financiación de organismos de las Naciones Unidas destinada a países concretos; (2) provisión de préstamos; y (3) acción humanitaria.

[30] En 2019, de entre los fondos de cooperación técnica, cinco (en El Salvador, Perú, Bolivia, Egipto y América Central) todavía mantenían capital dentro del Fondo para la Concesión de Microcréditos (FCM) (Agencia Estatal Boletín Oficial del Estado, 2020[51]).

[31] El mandato del FONPRODE consiste en conceder préstamos, créditos y líneas de crédito a las autoridades nacionales, regionales y locales y a las entidades financieras locales, incluso a través de sociedades instrumentales y fondos de inversión. Sus actividades incluyen préstamos a los Estados para financiar proyectos de desarrollo; préstamos a entidades de microfinanciación para mejorar la inclusión financiera; participaciones en fondos de inversión relacionados con la seguridad alimentaria, las energías renovables, la agricultura y las microempresas, pequeñas y medianas empresas que inciden en el desarrollo, así como participaciones en vehículos de inversión colectiva.

[32] Una subvención a la inversión es una ayuda directa otorgada por un gobierno a una empresa para que pueda hacer más inversiones.

[33] Se trata de Etiopía, Haití, Malí, Mauritania, Mozambique y Níger en el grupo de países de asociación menos avanzados; Colombia, Ecuador, Guatemala, Honduras, Nicaragua y Palestina en el grupo de países de asociación de renta media; y Guinea Ecuatorial en el grupo de países de cooperación avanzada (MAUC, 2018[35]).

[34] En los marcos de fragilidad de la OCDE, para dar seguimiento a la AOD en los sectores relacionados con la paz se emplean los siguientes códigos de sector de notificación de los acreedores: 15110, 15111, 15112, 15113, 15130, 15150, 15152, 15153, 15160, 15170, 15210, 15220, 15230, 15240, 15250, 15261. Para más información, véase: https://www3.compareyourcountry.org/states-of-fragility/about/0/

[35] El programa Tahdir Masar para el refuerzo de la cohesión social en favor de una sociedad civil siria inclusiva y democrática es un programa de la Unión Europea ejecutado por la AECID y sus socios, como el Arab Woman Media Center (AWMC), el Jordanian National Forum for Women (JNFW) y el Center for Strategic Studies (CSS). Cada una de las instituciones jordanas que participan en el proyecto abarca un sector clave para promover la democracia y los derechos humanos en Siria: el papel de las mujeres en la reconstrucción y el mantenimiento de la paz (JNFW), la educación y formación de los jóvenes sirios para que puedan liderar el proceso (CSS) y el papel de los medios de comunicación (AWMC). Sus socios españoles son el Instituto Complutense de Estudios Internacionales, el Centro Internacional de Toledo para la Paz y Radiotelevisión Española, respectivamente (AECID, 2018[44]).

Anexo A. Progresos desde las recomendaciones del examen de pares del CAD de 2016

Hacia un esfuerzo integral de España para promover el desarrollo

Recomendaciones de 2016	Progresos
Con el fin de garantizar que se tienen en cuenta todas las cuestiones relativas al desarrollo tanto en las políticas nacionales como en la política exterior, España debería identificar temas prioritarios, y analizar, hacer seguimiento y rendir cuentas sobre los efectos de sus políticas asociadas en los países en desarrollo.	Parcialmente ejecutada Existen trabajos en curso para desarrollar un marco analítico que mida sistemáticamente el impacto de las nuevas políticas en los ODS, así como para aprovechar los vínculos entre los objetivos de la política exterior y los objetivos de cooperación para el desarrollo.

Visión y políticas de cooperación para el desarrollo

Recomendaciones de 2016	Progresos
Reafirmar el compromiso político de España por una cooperación para el desarrollo eficaz centrada en la lucha contra la pobreza, de acuerdo con los compromisos internacionales y con la Agenda 2030.	Ejecutada Compromiso recogido en el V Plan Director, reactivación de la comunicación anual concentrada en la pobreza y la desigualdad, plan de acción para la aplicación de los ODS con un programa de trabajo dedicado a la cooperación internacional.
Aclarar la priorización temática de España tras analizar su ventaja comparativa, y elaborar las directrices necesarias para hacer operativas las prioridades.	Parcialmente ejecutada El V Plan Director aborda todos los ODS, aunque se centra en 29 metas de desarrollo sostenible y 4 cuestiones transversales. España no ha publicado directrices para hacer operativas las prioridades.
Mejorar la coherencia y la regularidad de su apoyo al sistema multilateral. España debería, por un lado, reducir el número de departamentos gubernamentales que proporcionan ayuda multilateral, tanto dentro como fuera del Ministerio de Asuntos Exteriores y de Cooperación, y, por otro, coordinar mejor el apoyo que se prestan.	Parcialmente ejecutada Son muchos los departamentos que prestan ayuda multilateral, aunque tres ministerios se encargan de prestar el 99% del apoyo. Los marcos de asociación estratégica se consultan con el MAUC. Los debates en los consejos multilaterales no necesariamente se trasladan al MAUC ni llegan a las embajadas.

Volumen y asignación de la ayuda

Recomendaciones de 2016	Progresos
Con la mejora de la situación económica, España debería establecer un plan concreto para alcanzar el compromiso de aumento de la AOD hasta un 0,7% de la RNB y su compromiso para con los países menos adelantados y con mayores necesidades.	No ejecutada El Gobierno se comprometió a aumentar el presupuesto de la AOD hasta el 0,5% de la RNB a más tardar en 2023 sin contar con una hoja de ruta. En 2020 su AOD fue equivalente al 0,23% de la RNB.
Para una mayor concentración, España debería focalizar más sus recursos de AOD en sus receptores principales: i) países y territorios priorizados, lo que implica aumentar la ayuda programable en ellos, y ii) socios multilaterales estratégicos clave.	Parcialmente ejecutada Ha aumentado la concentración en los 20 mayores receptores, pero la ayuda programable a nivel país (21% de la AOD bilateral bruta de España) sigue siendo menor que la media de países del CAD (48%), sobre todo debido a los costes de refugiados en el país donante. Los recortes presupuestarios provocaron la concentración de un menor número de socios multilaterales, impulsada por el enfoque geográfico y temático de España.
España debería mejorar la coordinación de sus instrumentos financieros y la información sobre todos los flujos oficiales para el desarrollo al Comité de Asistencia para el Desarrollo (CAD) y a la ciudadanía.	Parcialmente ejecutada España es firme defensora y usuaria del apoyo oficial total para el desarrollo sostenible, aunque su informe sobre los flujos presentado al CAD en 2019 obtuvo una puntuación de «fair» (aceptable), debido a incoherencias en la presentación inicial de datos y la calidad de algunas categorías.
En línea con su compromiso de movilizar recursos adicionales para el desarrollo, España debería elaborar una estrategia y diseñar instrumentos idóneos para incluir al sector privado.	No ejecutada España todavía no ha elaborado un marco para la colaboración con el sector privado y la ejecución de las operaciones del FONPRODE sigue siendo complicada.

Organización y gestión

Recomendaciones de 2016	Progresos
En relación a los acuerdos institucionales tras los cambios legales de 2015, España necesitaría definir principios rectores y mandatos claros para todas las instituciones involucradas en la cooperación para el desarrollo española.	Parcialmente ejecutada Una división más clara de las responsabilidades entre la SECI y la AECID. La próxima reforma institucional prevé mejoras adicionales.
España debería examinar y redefinir los mandatos de los órganos de coordinación, tanto en sede como en los países y territorios de asociación, para que contribuyan de manera más eficaz a la política y a la programación.	Ejecutada Los órganos de coordinación se ven revitalizados con mandatos claros y han contribuido eficazmente a la definición de posiciones comunes, como la Estrategia de Respuesta Conjunta de la Cooperación Española a la Crisis de la COVID-19.
España debería desarrollar una estrategia de recursos humanos a medio plazo, vinculada a su próximo Plan Director. Esta debería abordar: i) las capacidades y especialidades necesarias para cumplir con los objetivos estratégicos y operativos, tanto en la sede como en las oficinas en el terreno; ii) la rotación y la promoción del personal de cualquier nivel en beneficio del aprendizaje institucional y de la motivación de los empleados; iii) el despliegue de personal contratado a nivel local para tareas técnicas, con el fin de hacer un mejor uso de sus conocimientos y capacidades.	No ejecutada Esta recomendación forma parte de las consideraciones que impulsan el proceso de reforma. Una vez que haya concluido la reforma se hará un examen en profundidad del marco de recursos humanos de la AECID.

La ejecución y las alianzas de la cooperación para el desarrollo

Recomendaciones de 2016	Progresos
Para mejorar la ejecución de su cooperación, España debería elaborar directrices y procedimientos para el análisis y la gestión de riesgos.	Parcialmente ejecutada Se han tomado medidas para mejorar la gestión de los riesgos (incluidos los riesgos de corrupción e integridad) aunque todavía no existen unas directrices operativas a nivel de la sede. La AECID se encuentra en proceso de revisión de sus sistemas de gestión del riesgo y de elaboración de nuevas directrices.
Además de incluir informes sobre los resultados en la justificación, España debería simplificar los mecanismos de justificación para las ONG con el fin de reducir los costes administrativos y encontrar un equilibrio entre rendición de cuentas y aprendizaje.	No ejecutada No se han adoptado nuevas medidas, aunque se prevé que en 2022 esté en funcionamiento un nuevo procedimiento.

Resultados y rendición de cuentas

Recomendaciones de 2016	Progresos
A fin de acelerar el cambio hacia la toma de decisiones para la obtención de resultados, España debería desarrollar herramientas adecuadas para el seguimiento y el análisis de los resultados.	Parcialmente ejecutada Se está elaborando un conjunto de indicadores y se ha revisado la metodología de diseño y vigilancia de los marcos de resultados de los países. Las decisiones todavía no se fundamentan en los resultados.
España debería garantizar la independencia de la unidad central de evaluación, otorgándole la autoridad de planificar y presupuestar las evaluaciones estratégicas.	Parcialmente ejecutada La unidad de evaluación forma parte de la DGPOLDES, aunque a nivel funcional depende de la SECI. La unidad no dispone de un presupuesto específico.
A fin de asegurar el aprendizaje, España debería hacer un seguimiento sistemático de las respuestas de gestión a las evaluaciones y garantizar que sus conclusiones sirven de base para la toma de decisiones.	No ejecutada No se han adoptado nuevas medidas. España prevé abordar esta cuestión en cuanto haya concluido la reforma del sistema de cooperación.
Para mantener el sólido apoyo de la sociedad española a la cooperación para el desarrollo, España debería preparar un plan de acción de educación para el desarrollo.	No ejecutada La AECID prevé elaborar un nuevo plan de acción en cuanto se haya votado la nueva ley de cooperación y se haya aprobado el Plan Director.

Asistencia humanitaria

Recomendaciones de 2016	Progresos
Para asegurar que todos los socios sean capaces de responder a tiempo y se centren en obtener resultados de calidad, España necesita simplificar los procedimientos de concesión de subvenciones a ONG humanitarias. Al igual que se ha recomendado para las ONG de desarrollo, España debería revisar los requisitos de justificación en este caso.	Parcialmente ejecutada España ha adoptado medidas destinadas a mejorar su flexibilidad a medida que ha aumentado su presupuesto de acción humanitaria. La cooperación descentralizada ha racionalizado los procedimientos y la elaboración de informes. La ampliación de este acuerdo a todas las comunidades autónomas reducirá de forma adicional algunas de las cargas administrativas de las ONG.

Anexo B. Organizaciones consultadas durante el examen de pares

Organizaciones/autoridades consultadas en España

1. AECID, Agencia Española de Cooperación Internacional para el Desarrollo
2. Alianza por la Solidaridad
3. APC, Asociación Profesional de Cooperantes
4. Ayuda en Acción
5. CAF, Banco de Desarrollo de América Latina
6. CC.OO., Comisiones Obreras
7. CEOE, Confederación Española de Organizaciones Empresariales
8. CEPES, Confederación Empresarial Española de la Economía Social
9. COFIDES, Compañía Española de Financiación del Desarrollo
10. Comunidad Autónoma de Andalucía
11. Comunidad Autónoma de Cataluña
12. Comunidad Autónoma de Extremadura
13. Comunidad Autónoma del País Vasco
14. CONGDE, Coordinadora de Organizaciones no Gubernamentales para el Desarrollo
15. CRUE, Conferencia de Rectores de las Universidades Españolas
16. Entreculturas
17. FEMP, Federación Española de Municipios y Provincias
18. FIIAPP, Fundación Internacional y para Iberoamérica de Administración y Políticas Públicas
19. Fundación Carolina
20. Grupo de Capacidades
21. ICO, Instituto de Crédito Oficial
22. DG INTPA, Dirección General de Asociaciones Internacionales de la Comisión Europea
23. MAUC – DGPOLDES, Ministerio de Asuntos Exteriores, Unión Europea y Cooperación, Dirección General de Políticas de Desarrollo Sostenible
24. MAUC – SECI, Ministerio de Asuntos Exteriores, Unión Europea y Cooperación, Secretaría de Estado de Cooperación Internacional
25. MAUC – SEEG, Secretaría de Estado de España Global
26. Médicos del Mundo
27. Médicos sin Fronteras
28. MINECO, Ministerio de Asuntos Económicos y Transformación Digital
29. Ministerio de Inclusión, Seguridad Social y Migraciones

30. Ministerio de Inclusión, Seguridad Social y Ministerio de Inclusión, Seguridad Social y Migraciones – Secretaría de Estado para la Agenda 2030

31. Ministerio de Industria, Comercio y Turismo

32. MPDL, Movimiento por la Paz

33. Oxfam Intermón

34. Plan International

35. Political Watch España

36. Real Instituto Elcano

37. Save the Children España

38. Tribunal de Cuentas

39. UGT, Unión General de Trabajadores

40. UNRWA España, Organismo de Obras Públicas y Socorro de las Naciones Unidas para los Refugiados de Palestina en el Cercano Oriente

Socios consultados en Colombia

41. ADELCO, Red Nacional de Agencias de Desarrollo Local de Colombia

42. Agencia de Reincorporación Nacional

43. Agencia de Renovación del Territorio

44. Gobernación del Chocó

45. Ministerio de Relaciones Exteriores de Colombia

46. Comisión de la Verdad

47. Consejería Presidencial para la Equidad de la Mujer

48. Corporación Humanas

49. Delegación de la Unión Europea

50. Fundación CODHES, Consultoría para los Derechos Humanos y el Desplazamiento

51. Fundación Ideas para la Paz

52. BID, Banco Interamericano de Desarrollo

53. Representación de Italia

54. JEP, Jurisdicción Especial para la Paz

55. Coordinación de los Programas de Desarrollo Local de Nariño/Chocó

56. Ministerio de Hacienda y Crédito Público

57. Gobierno regional de Nariño

58. DNP, Departamento Nacional de Planeación

59. OCHA Colombia, Oficina de Coordinación de Asuntos Humanitarios

60. ACNUDH Colombia, Oficina del Alto Comisionado de las Naciones Unidas para los Derechos Humanos

61. OIM Colombia, Organización Internacional para las Migraciones

62. Oxfam Colombia

63. Pastoral Social

64. APC Colombia, Agencia Presidencial de Cooperación Internacional de Colombia

65. Programa Nacional Escuelas Taller Alberto Escovar

66. Red Departamental de Mujeres Chocó
67. Representación de Suecia
68. Representación de Suiza
69. TECNiCAFE
70. PNUD Colombia, Programa de las Naciones Unidas para el Desarrollo
71. ACNUR Colombia, Oficina del Alto Comisionado de las Naciones Unidas para los Refugiados

Organizaciones/autoridades españolas consultadas en Colombia

72. Oficina Técnica de Cooperación de la AECID
73. Alboan
74. APS, Alianza por la Solidaridad
75. FIIAPP, Fundación Internacional y para Iberoamérica de Administración y Políticas Públicas
76. MPDL, Movimiento por la Paz
77. Mundubat
78. Embajada de España

Otras organizaciones consultadas

79. ONU-Mujeres, Entidad de las Naciones Unidas para la Igualdad de Género y el Empoderamiento de las Mujeres
80. BAD, Banco Africano de Desarrollo
81. BAII, Banco Asiático de Inversión en Infraestructura
82. Representación Permanente de la Unión Europea
83. FVC, Fondo Verde para el Clima
84. BID, Banco Interamericano de Desarrollo
85. FIDA, Fondo Internacional de Desarrollo Agrícola
86. Fondo ODS, Fondo de las Naciones Unidas para los ODS
87. SEGIB, Secretaría General Iberoamericana
88. PNUD, Programa de las Naciones Unidas para el Desarrollo
89. ACNUR, Oficina del Alto Comisionado de las Naciones Unidas para los Refugiados
90. UNICEF, Fondo de las Naciones Unidas para la Infancia
91. Grupo Banco Mundial

www.ingramcontent.com/pod-product-compliance
Lightning Source LLC
Chambersburg PA
CBHW062029210326
41519CB00060B/7360